關懷的力量

康義勝自署

——康義勝從醫的初心

吳佳晉　撰文
劉舒恬　整理記錄

受聘為國策顧問，與蔡英文總統合影。

上圖：於臺北蓬萊扶輪社受證五週年紀念晚會中，與李登輝總統合影。
下圖：受邀參加李登輝總統與宋楚瑜秘書長在圓山飯店舉辦的宴會。

扶輪社活動中，與陳水扁總統（時任臺北市長）合影。

上圖：扶輪社活動中，與馬英九總統（時任臺北市長）合影。
下圖：與賴清德副總統合影。

——蔡英文總統感動推薦——

《關懷的力量》是康義勝國策顧問橫跨超過半世紀行醫濟世，親身見證臺灣醫療發展變遷的第一手紀錄，無論是政策制度、臨床實務、醫療體系，到醫病趨勢等，這本書都有豐富且深刻的描述。

值得一提的是，在行醫之餘，康義勝國策顧問熱心公益，積極參與服務社會的善行義舉，更令人感動。

蔡英文

推薦序

關懷，是最大的力量

副總統　**賴清德**

「把自己活成一道光，因為你不知道誰會藉由這道光，走出黑暗。」這是詩人泰戈爾的名句，也是我所認識的義勝兄，長期關懷人群、心繫社會，幫助許多身陷低谷的人們點亮一道光的最佳寫照。

一九七〇年代，全民健保制度尚未實施，大部分醫療費用必須由民眾自費，在當時，生病是一件非常奢侈的事。義勝兄有感彼時臺灣社會常有「因病而貧、因貧而病」的窘況，成立「仁康醫院」，只因面對貧窮無助的病患，他可以選擇不收取醫療費，進而協助解決許多家庭的不幸。之後臺灣人口老化問題日益嚴重，義勝兄更是義無反顧，推動仁康醫院轉型，發展長照部門，帶領仁康醫院成為社區的守護者。

隨著大環境的改變，地區醫院紛紛因為病人開始前往都市的醫學中心看診而倒閉，許多人建議義勝兄放棄虧損的醫療部門，單純經營長照事業以獲得商業利益。然而，心繫弱勢的義勝兄卻堅持保留仁康醫院的醫療部門，因為他擔心，急重症的病患若是只有前往路途遙遠的大醫院救治一途，恐將造成無法挽回的後果。義勝兄就是這樣的人，溫暖而善良。

一九八七年，義勝兄本著服務社會的理念，成為台北城中扶輪社的創始會員，除了在國內積極整合資源、推動社會公益外，他也多次參加扶輪社國際年會，不僅將臺灣多元文化的實力與內涵推向國際社會，並將國際扶輪社中華總會正名為國際扶輪社台灣總會，協助臺灣突破外交困境，提高臺灣的國際能見度。

在我擔任副總統期間，義勝兄應蔡英文總統之邀出任總統府國策顧問。他以長期在醫界、扶輪社的經驗，提供專業的觀點與可行的政策建議，讓國家政策更能符合民間需求。義勝兄的建議總是建立在關懷民眾的需求與不便之上，讓我深感敬佩，也受益良多。

《關懷的力量》這本書，細膩地描寫了義勝兄一生的堅持與理想。從懸壺濟世、救助貧病的醫師；到追求公益、服務桑梓的扶輪社成員；再到如今憂國憂民、盡心竭力的國策顧問。我眼中的義勝兄，始終堅持做對的事，始終在為了更美好的臺灣打拚，期許各位朋友在看過這本書之後，也能夠找到屬於自己人生的堅持與追求，在壯大臺灣的路程上，並肩前進。

推薦序

仁醫濟世．關懷為本

前台灣團結聯盟主席
黃昆輝

拜讀外科名醫康義勝醫師的大作《關懷的力量》，心中是滿滿的感動和敬佩。康醫師是雲林同鄉，幼年失怙，全賴兄長的提攜和個人持續不懈的努力，一步步克服生活困境，一段段完成學校教育，終能堅持從醫的初心，成就外科名醫及創辦醫院的濟世大志。康醫師生命歷程中的每一段轉折和每一個真實故事，都反映臺灣農村子弟在大時代環境裡，成長與發展歷程中所面對的挑戰，以及克服挑戰所展現的生命韌性與力爭上游的毅力。康醫師的生命敘事，不僅是雲林同鄉及同儕友人的驕傲，更是年輕世代的學習榜樣。

在《關懷的力量》書中，康醫師在輕鬆流暢的敘說中，含蓄卻堅定的透露「關懷」在他生命歷程中的價值信仰與行動力量。蓋關懷是一種忘我無私的情操，也是一種成全他人的義舉，更是一種鼓舞生命的動能。在康醫師的生命敘事中，我們能看到真誠的關懷，也能感受關懷所激發的無窮力量。歸納康醫師生命歷程中的「關懷」，不僅具有生活的多面性，也有時間的一致性。無論家庭、專業、鄉土及公益，康醫師在在體現關懷的價值與行動。環顧當前社會，不僅需要康醫師這樣的人才，更需要提倡作為價值信仰與生命力量的「關懷」，故願就康醫師生命故事中所體現的「關懷」略抒讀後感想，一則和讀者分享，同時也聊表對康醫師的敬佩之意。

家庭的關懷

「關懷」作為一種價值信仰，係植基於家庭生活的體驗，而作為一種行為模式，亦在家庭生活中表現。康醫師五歲時父親離世，由於母親的悉心撫育和兄長的無私提攜，讓他能和一般小孩一樣，在不富裕卻溫暖的生活中成長，並接受完整的學校教育。童年的際遇雖有失親的缺憾，卻也讓他更早、更深刻的體驗親情的「關懷」。康醫師在自己事業有成之後，將母親接來同住，也讓兄長在自家開設的護理中心終老，雖說是報恩，卻也是另一種形式的關懷。這種親情的無私關懷，不就是祥和社會所需要的倫理價值嗎！

康醫師的家庭關懷也在自己成家之後充分體現。康夫人雖系出名門，卻是相夫教子的賢妻良母。伉儷情深，就是相互的關懷。康醫師對一子二女的教養亦出自無私的關懷，不但不強迫子女習醫以繼承衣缽，反而尊重、鼓勵並支持子女在生涯發展的選擇。這種親子間的關懷形式，對許多望子成龍、望女成鳳的家長們，亦頗多啟示。

專業的關懷

成家立業是人生必經歷程，康醫師自不例外。康醫師自醫學院畢業後，無論擔任住院醫師、部隊醫官、醫院主治醫師，以及創建醫院擔任院長，一方面充分體認並努力實踐醫師的專業角色和社會責任，另一方面也視病如親，關懷病人的身心健康，提供最適切的醫療。如果不是對醫療專業的關懷和投入，就不會有「白袍康一刀」的暱稱，也不會在醫療資源分配不均的不利環境下，當同儕醫院紛紛結束營業、同儕醫師紛紛退休頤養天年之際，仍然力圖轉型，投入長照，並自許為社區守護者和生命旅途陪伴者。這是康醫師對一生奉獻的醫療志業的關懷，值得敬重。

鄉土的關懷

月是故鄉明，人是故鄉親。康醫師自高中時期即離鄉北漂求學，而後成家立業定居臺北，超過半世紀。但他從未忘記雲林崙背那塊孕育他成長的土地。因此在他創業十年有成時，用他辛勞賺得的第一桶金，回崙背重建老宅，並於每年春節初三和各地返鄉親族歡聚，二十年來從未間斷。康醫師的關懷價值和行動，已經超越「家人」和「事業」而擴及自己所從出的「鄉土」。

親不親故鄉人，康醫師對鄉土的關懷當然也擴及雲林的鄉親。除了每年趁春節返鄉之便幫鄰人診病之外，康醫師更號召旅北醫師組成「雲林返鄉義診團」，每年三、四月間回鄉義診，十年來已走透雲林二十個鄉鎮。因義診團中不乏各科名醫，故每次就診者常超過義診名額的五百人。康醫師認為，守護故鄉的健康就是對鄉親最好的關懷。

公益的關懷

如果關懷是無私的付出，那麼公益的關懷就是最高境界的關懷了。單獨的個人固然可以出錢出力做公益，但其效用總不如有組織的團體。國際扶輪社是一個非營利的公益團體，雖然扶輪社的成員都具有特定的社經背景，但扶輪社推展公益活動的付出和成效也不容否定。康醫師擔任扶輪社的領導角色，信守扶輪社的「服務」精神，規劃推展與他專長有關的醫療公益活動，造福臺灣人民，提升臺灣扶輪社的國際地位，也有相當程度的付出和貢獻，體現關懷的價值與行動。

以上從家庭、專業、鄉土和公益四方面概述康醫師的關懷價值和行動，旨在強調「關懷」在當代社會的特殊意義與需求，並藉此表達對康醫師的敬佩。相信康醫師的「關懷的力量」一書，必能引起廣大的共鳴。再一次祝福康醫師的從醫初心成就恢宏志業。

二〇二二年十二月一日

推薦序

仁醫濟世

黃其光

國際扶輪總社社長（2014-15）
國際扶輪基金主席（2019-20）

很高興得知我敬佩的康義勝院長終於要出書了。認識康院長是在三十七年前我擔任國際扶輪第三四五地區的地區總監時，當年我和臺北大安扶輪社合作，於一九八七年輔導成立台北城中扶輪社，Kambo是創社社友之一。

我剛認識Kambo時，覺得他個性耿直、做事認真，其他方面並沒有太多印象。直到二〇〇一年我擔任國際扶輪總社副社長，那年Kambo擔任地區總監，在當時七個地區之中，他所領導的第三四八〇地區，表現非常活躍，在他的總監任內，成功舉辦多次熱鬧的地區活動，並完成許多服務計劃，耀眼的成績，從此讓我對他刮目相看。

於是當我發現國際扶輪社中華民國總會及扶輪出版委員會在管理制度上出現

問題時，我便想到 Kambo，鼓勵他出來改革。在他的努力之下，不但去除老舊的壞制度，建立良善的新制度，國際扶輪中華民國總會改組並正名為國際扶輪台灣總會，扶輪出版委員會更名為台灣扶輪出版暨網路資訊協會。臺灣扶輪的兩大扶輪組織順利完成改革和移交傳承，Kambo 功不可沒。因此，Kambo 的能力和魅力深受大家的肯定。

RLI 國際扶輪領導學院臺灣分部為了改進和制定公開公平的傳承制度，Kambo 再次出馬協助，我相信在不久的未來一定可以看到美好的成果。

Kambo 和我有共同的扶輪理念，我最佩服他的前瞻性，他不僅輔導成立國語社，並積極推展扶輪多元化，輔導成立日語社（東海扶輪社）、客語社（客家扶輪社）、臺語社（北海扶輪社）、女性社（百合扶輪社）及原住民社（原民扶輪社）等，共參與輔導成立九個扶輪社。Kambo 總是全力以赴，並且全家投入，Kambo 夫人雖然不是原住民，但仍加入原民扶輪社成為社長，一起為原住民服務。Kambo 伉儷超我服務的精神，令人敬佩！

康院長在醫療專業上，不僅是德術並優的骨科醫生，他更成功經營仁康醫院成為一所博愛為仁、造福患者的醫療院所。讓我放心投資他的醫院，成為他的 partner。

由於康院長在醫療本業及扶輪服務的卓越貢獻，其能力深受肯定，多次獲聘為總統府國策顧問，實至名歸。

Kambo 協助將臺灣扶輪推向國際舞臺不遺餘力。二〇〇七年，由於 Kambo 果斷的執行力，協助將國際扶輪社中華總會正名為國際扶輪社台灣總會，落實本土服務的信念。二〇一一年國際扶輪一年一度的世界年會在美國紐奧良舉行，Kambo 結合臺灣扶輪七大地區，首創設立臺灣館，讓國際人士認識臺灣多元文化的實力與內涵。Kambo 洞察到網路科技時代的變化，輔導扶輪出版委員會擴展網路資訊，讓全球各地華人也可以了解臺灣扶輪的資訊。

康院長為人慷慨，樂善好施，行事執著有魄力，堪為表率。他不吝將七十多年來的人生經歷出書呈現給大家，值得嘉許和感恩。這是一本勵志的好書，相信大家能夠從書上了解到他多年來對病患、對社會付出的愛心和關懷，以及學習他做人處事的原則和事蹟。

恭賀我的好朋友 Kambo 在人生旅程上又邁向新的里程碑。本人在此誠摯推薦。

推薦序

仁義俠心　關懷永續

衛生福利部部長　**薛瑞元**

熱心公益，熱愛生活，就是我所認識的康義勝醫師。

康義勝醫師是臺北醫學大學醫學系第六屆傑出校友，也是醫界受人敬重的前輩。他於民國一百年成立新北仁康醫院及附設護理之家，時值本人擔任衛生福利部雙和醫院副院長職務，兩院之間的合作交流讓我與前輩有了較多的互動。感受到前輩充分體現「醫者父母心」，引進醫療資源給予社區民眾優質的醫療照護，整合資源推動居家服務與社區健康促進，醫人也醫心。

前輩出身自農村地區，在成長、求學及工作過程中並不順遂，但秉持心中對自我正向的肯定與對目標的堅持，將困難化為前進的動力，吃苦當吃補，最終人生與工作都獲得巨大的成就。前輩的特點在於善用己身之力感動大眾，對於社區與地方民眾的關懷，促使他積極回饋地區，不間斷地從事公益活動。也因為這份單純關懷與分享的初心，感動了更多人，得以號召眾人之力一同投入公益活動，形成良善的循環。

《關懷的力量——康義勝從醫的初心》這本書，是前輩的兒子送給父親的禮物，為父親留下美好的紀錄。書中的文字敘述侃侃而談，平易近人，從前輩自身奮鬥經驗中體悟出的見解，其實就是最基本的做人做事道理。只不過，最簡單的原理原則，反而容易被忽略。

推薦序

將感恩化為關懷利他的力量

楊泮池
前臺灣大學校長

《紐約時報》的專欄作家大衛．布魯克斯曾說，一個人的真正價值不在於輝煌的履歷，而在於如何以你的美德感動別人，願為信仰、理想，以及人類社會的美好共同盡心盡力。過去擔任臺大校長期間，面對一屆又一屆學成即將邁向下一站的臺大畢業生，我也總以「誠信、責任、利他」這三種精神期許他們，身受國家社會的栽培，畢業後不論在各行各業，都要秉持誠信，關懷身邊的人，並將所學貢獻社會，做一個「自我為後、公益為先」的知識人，才不枉此生。

這種精神在當代或許已不易見，但在康院長身上，卻是最好的體現。康義勝院長是醫界的前輩，我早已久仰；其公子康仕仲是臺大前副教務長，我們曾一起共事，是我的得力好夥伴。這次拜讀康義勝院長這本命名為《關懷的力量》的回憶錄，才發現原來仕仲的果決、承擔，以及更重要的「願為公眾之事服務」的關懷利他特質，可說也是承襲自康院長的身教。

康院長出身雲林崙背的農家，小時候讀書前要先餵牛才去上學，早期臺灣物質生活的匱乏，現在已很難想像；然而格外難得的是，康院長唸書、從醫，一路靠自己的努力翻轉階級後，並未安於所成，反而時時掛念著要回饋社會。他投身扶輪社與雲林同鄉會，並以一己的號召力，彙聚眾人之力，積極推廣公益活動；我尤其敬佩的是，康院長至今近八十高壽，仍持續思考如何以創新且符合時代需求的方式，貢獻鄉里，他在雲林這個農業大縣推動「魚菜共生」，希望家鄉能在有機無毒的生態下永續發展，也為臺灣產業邁向低碳排的未來推進了重要的一步。

這一切的原動力，可說是院長將「感恩」的心轉化為「關懷」利他的力量，年深日久，涓滴匯流而成。感動之餘，也期許自己與所有讀者，一同加入院長「關懷」利他的行列，一起為臺灣社會的共好盡一份心力。

推薦序

仁醫仁心成就北醫人典範

林建煌
臺北醫學大學校長

總統府國策顧問康義勝，行醫五十年，投身公益逾四十年，為臺灣醫療奉獻半世紀，在國內醫療資源匱乏的年代，為幫助更多貧窮無助的病患，他創立「仁康醫院」，懸壺濟世、妙手回春，守護當地居民長達四十多年，無私奉獻的精神，十分令人敬佩。

康義勝院長畢業自臺北醫學大學醫學系第六屆，更是北醫大的傑出校友。即使在開業後醫務繁忙之際，他仍不斷支持、回饋母校，先後擔任北醫大校友總會長、台灣拇山醫友會（現為北醫醫學系校友會）會長，並秉持「出錢、出力、出時間」理念，全力推動各項校友活動，不僅發揚北醫校友精神，更凝聚校友對北醫的向心力。

猶記二〇〇九年八月，莫拉克颱風重創南臺灣，造成嚴重災情，北醫大體系一校三院不僅在第一時間發起募款、一日捐及援助醫療團，當時我剛接任北醫大的教務長，時任拇山醫友會的康義勝會長，立刻義不容辭、拋磚引玉捐贈壹佰萬元，還號召北醫校友出錢出力，投入災後復建工作，充分展現熱心公益、回饋社會的行動力及影響力，令我印象深刻。

值得一提的是，康義勝院長還送給北醫一個大禮，至今仍在北醫校園看得到，那就是屹立在學校百米大道廣場逾十年的醫學之父「希波克拉底」的雕像，正是康院長與醫學系校友們募款捐贈給母校的禮物，除象徵北醫對醫學倫理與專業的重視，也期盼學弟妹能永續傳承醫學倫理，謹守《醫者的誓言》，贏得病人信賴。

《關懷的力量——康義勝從醫的初心》一書，不只描述他的出身家庭、成長環境、求學經歷、創立醫院及投身公益的心路歷程，也能從中看到他「身教重於言教」，培育出三名優秀子女，幸福美滿的家庭縮影；更可從書中文字深刻感受到康院長有一顆對生命熱愛的心，不管是扮演臺灣國際扶輪的推手，還是熱心回饋家鄉的義診醫師，都充滿堅韌、剛勁的熱情與毅力。

康院長近年帶領仁康醫院轉型成功，跨足長照領域，也突顯他勇於創新、接受挑戰的個性，這跟北醫大強調以「培育具人文關懷、創新能力及國際觀生醫人才」的教育理念不謀而合，而北醫大近年積極培育跨領域的生醫人才，也在康院長父子身上，得到最好的見證。

他的長子康仕仲所創辦的「智齡科技（JUBO）」，主攻智慧照護科技領域，與北醫大護理學院、跨領域學院，從創業之初就維繫密切的產學合作，數位轉型、智能照護，是後疫情時代的未來趨勢，我們必須「跟上世界的腳步，為未來而教！」

很榮幸獲邀為此書寫序，康院長廣結善緣、熱心公益，是我尊敬的北醫前輩之一，也是「北醫人」的典範，他的行醫之路，從未忘記故鄉、母校、社會及國家給他的養分，多年來以不同形式回饋母校、服務社會、貢獻國家，就如同書名「關懷的力量」一樣，值得我們借鏡與細細品嘗，走一趟值得的人生，走出自己人生的康莊大道。

推薦序

傳遞生命的光與熱，走出人生的不同境界

林佳龍
前交通部長、無任所大使

展讀院長的口述自傳，平易而真實的文字，娓娓道來，雖然沒有華麗的修辭，後座力卻很強，讀後深受感動。佳龍有幸搶先一睹並忝為撰序，主要是與院長有兩個連結。其一即院長是出身雲林的大前輩，與我同為雲林子弟，書中提到他在家鄉崙背餵牛、啃甘蔗的童年，以及後來靠著自己的奮鬥與堅持，北上求學、白手起家的經歷，都讓佳龍備感親切，彷彿看見家鄉父執輩叔伯們的身影。

在那個年代，雲林是臺灣最窮困的縣市，許多地方父老都是「艱苦人」，為了生活出外打拚，克服種種困難，想爭一個出人頭地，「島內移民」幾乎是戰後那一代雲林人共同的命運與記憶。佳龍小時候在萬華成長，父親照應同鄉，開的西裝店所聘請的裁縫師傅與學徒多半也是北上打拚的雲林人，我們同住一起，家中可說就是一個小型的「雲林同鄉會」。幾乎每年暑假，我與這些夥伴都會一

起回雲林各自的家鄉長住。雲林鄉親這種為了追求更好的人生而努力的堅毅與韌性，在康院長身上更是充分體現。尤其令人感佩的是，院長在事業有成後，飲水思源，組成「雲林同鄉會」「醫療服務團」，定期回鄉義診，回饋鄉里；並成立「崙背扶輪社」，邀請有志者一同凝聚在地力量，為地方付出。

這也就說到了佳龍與院長的第二個連結：身為「扶輪人」，我們同樣受益並致力於實踐扶輪的公益精神，並時時以「四大考驗」反求諸己。所謂「四大考驗」，即扶輪人行事必須自問：「是否一切屬於真實？是否各方得到公平？能否促進親善友誼？能否兼顧彼此利益？」我對此相當認同，在政治上也盡力依循，它們看似簡單，做起來卻是學問。而在這本書中，我們則可以看到康院長如何將扶輪精神澈底內化，具體實踐。

好比院長提到經營新北仁康醫院，創業十年才轉虧為盈，而這其中，護理之家賺錢，醫院的醫療部門卻虧錢，是否應該改以護理長照業務為主，而降低醫療業務，甚至收掉醫療部門？以企業經營者的角度來說，獲利自然是必須也是重要的，然而作為一個「社會人」，院長不忘從另一個角度思考：「我當然知道經營企業一定要有獲利，但是我的天職是醫師，我必須把『濟世』視為最高指導原則。只要我披上白袍的一天，『濟世』絕對不能忘，醫院的存在，就是一種企業社會責任。」院長的堅持除了基於醫師「服務病人」的天職，平等而不分貴賤地看待每一個人受到醫療照護的權益，更超脫了個人／單一企業的角度，而是從臺灣整體醫療體系的格局來下決斷：考量到地區醫療院所逐漸消失的嚴重性，「我必須負擔起社會責任，讓原本健全的社區醫療安全防護網，不至於崩壞、瓦解。」一跳脫小我，從大我思惟，這是康院長為我們示範的一個實例。

卸任交通部長後的這幾年，佳龍與光合教育基金會陸續造訪全臺各地投身公益志業的朋友，許多人運用自己的專業，從不同視野持續耕耘這片土地，其中包括地方創生、青年創業、傳產轉型、關懷偏鄉長照、發展特色文化與觀光等，面向廣泛；佳龍也不斷思索如何盡一己之力，透過資源、經驗的共享，再加上人際網絡力量的傳遞，連結共好，讓這些美善的力量加乘發揮。

這次讀完康院長這本自傳，佳龍深受感染，也得到許多啟發。院長一生，結合眾人之力，踐行各種社會公益，至今不輟。這樣旺盛的生命力，追求的不僅是個人的圓滿幸福，而是「beyond that」，關懷眾人，不斷探索如何在更大的格局上自我實現，促成社會的正向循環，而這也成就了院長生命的厚度與廣度。願每一位讀過此書的讀者都與我一同加入這個行列，盡一己之力，傳遞生命的光與熱，讓臺灣社會向上提升，相信眾志必然成城。

自序

關懷的力量

康義勝

一九四四年一月二十五日清晨，母親在四十三歲那年生下了我。在家中我排行第十，之後母親再也不能生育了，我就是家裡的老么。由於當時衛生環境不佳，醫療欠缺，因而折損了三名不知名的兄姊，最後連我在內，共四男三女長大成人；到今天我的三個哥哥及一個大姊也相繼去世，只剩兩個姊姊和我一人。

父親過世那年是五十八歲，正值壯年時期，因於罹患胃潰瘍及大量出血而過世，令人惋惜；三哥罹患肝癌，雖施行肝動脈栓塞等治療，但最後仍於六十五歲身故；二哥愛抽煙，罹患肺癌，於八十歲過世；而我的大哥及大姊都活到九十多歲，屬於自然死亡，應該是託今日醫藥衛生發達所賜。

民國七十七年，為了這個家，我的第一桶金就是將鄉下的「竹管仔厝」改建成今天的三層樓連棟鋼骨結構樓房，我將樓房的部份贈送給大哥、二哥及三哥各一戶，每戶約四十五・六坪，並由當時是營造廠老闆的三哥親手監造完成的。

雖然他早逝，終究他是親手監造了這棟祖厝，我們及後世都會永遠懷念他。

台北仁康外科醫院自民國六十六年開始營運，因應健保開始實施，至民國九十年從外科為主的醫院轉型為以內科為主；民國一百年十月在新店成立新北仁康醫院七十四床，一〇一年又成立新北仁康醫院附設護理之家一百四十九床，由大女兒淑儀護理師擔任負責人；一〇六年我們將台北仁康醫院結束，專心在新北以醫院及護理之家來照顧及服務所有臺北及新北市的鄉親與病友。

自從我進入臺北醫學院習醫以來，除了學習醫療知識及技術之外，在內心深處已然種下「關懷」社稷國家的種子；畢業之後，從事實際的治療工作，也很高興可對病人盡一份「愛的力量」。

自行開業之後，與社區多所接觸，服務及照顧範圍更深入在地，也對貧苦及需要伸出援手的家庭提供協助。在台北仁康醫院開業的四十年當中，我將扶輪的四大考驗置於大門入口處：

一、是否一切屬於真實
二、是否各方得到公平
三、能否促進親善友誼
四、能否兼顧彼此利益

以此隨時提醒自己要關懷病人及社區。到如今，我更將觸角伸入新北市擴大服務範圍，以「新北仁康醫院」及「附設護理之家」為基礎，繼續為臺北市及新北市民眾及社區服務。

國際扶輪前社長黃其光先生（Gary Huang），是我的扶輪老師兼好友，他於二〇〇四年出版的一本書《找方法別找藉口》給我許多寶貴的啟示：積極的人為了成功尋找方法，終究是贏家；怠惰的人常為失敗找藉口，他當然會是輸家。此書告訴我們，身處「逆境」要找方法解決。

「用心及認真」是成功的必備態度，俗語說：勝利者永不放棄，但放棄者永遠不會勝利。西方哲人說：「生命不要求我們成為最好的，只要求我們盡最大的努力」，所以努力必然會有成果的。

「堅持」是我的理念，隨時挑戰自己、突破自己，千里之行、始於足下。要一步一腳印，腳踏實地逐一完成，終會夢想成真。

二〇一八年起，臺灣的老年人口已占所有人口的百分之十四・〇五，正式進入高齡社會；二〇二一年續升至百分之十六・二，很快就會達到百分之二十的超高齡社會，而十大死因的排行中，癌症還是穩占第一位，是占第二位心臟疾病的二・二六倍以上。

為此我要特別感謝永齡基金會創辦人郭台銘先生願意捐資設立臺大癌醫中心，希望能強化國人健康意識，早期診斷及早期治療，不僅可以提高癌症的治癒率，亦能大幅降低醫療費用，一舉兩得。我為醫療服務奉獻一生，對於郭台銘的善舉，頗為認同並希望他能繼續為台灣盡一份心力。

民國一〇七年，我的兒子仕仲毅然辭去臺大教授兼副教務長職務，一手創立了智齡科技（Jubo）公司，全力投入智慧照顧產業。成立以來，屢獲科技部、經濟部的「國家新創獎」，更承蒙嘉新水泥、緯創資通等上市公司投入資金，除了服務臺灣及東南亞的長照產業，猶能進軍世界舞臺；本書的出版也來自他的推動，並幸有兩位女兒的補充、協助，以及始終在背後默默支持我的另一半貴華。

經由丁志元會長的引薦，我進入「天成書法班」跟隨陳銘鏡老師學習書法，不但滿足了自己未完成的書法夢，探索書法的奧妙，也從中吸取了古聖先賢的智慧，一舉數得。本書在主文之外，一併收錄了陳老師、丁會長的墨寶，以及我應採訪記者要求所寫的尚未登大雅之堂的拙作，這些文詞賜予我許多啟示，藉此也與讀者分享，盼體會箇中意涵。

本書能夠順利出版，要感謝為我操刀的吳佳晉記者、負責整理記錄的劉舒恬北醫小學妹，還有伊庭小姐的編輯，為我出書的秀威總經理政坤兄的許多建議，以及為我寫推薦序的蔡英文總統、賴清德副總統、黃其光前社長、雲林的精神領袖黃昆輝前主席、衛福部薛瑞元部長、無任所大使林佳龍和我的母校臺北醫大林建煌校長、中研院院士楊泮池醫界前輩等，諸位都是我學習的榜樣，他們的恩情，我會永遠銘記在心，更是我今後努力的最大支柱。

謹以此書獻給支持我的前輩及好朋友，還有永遠愛護我的另一半貴華及仕仲、淑儀與淑如三位兒女。

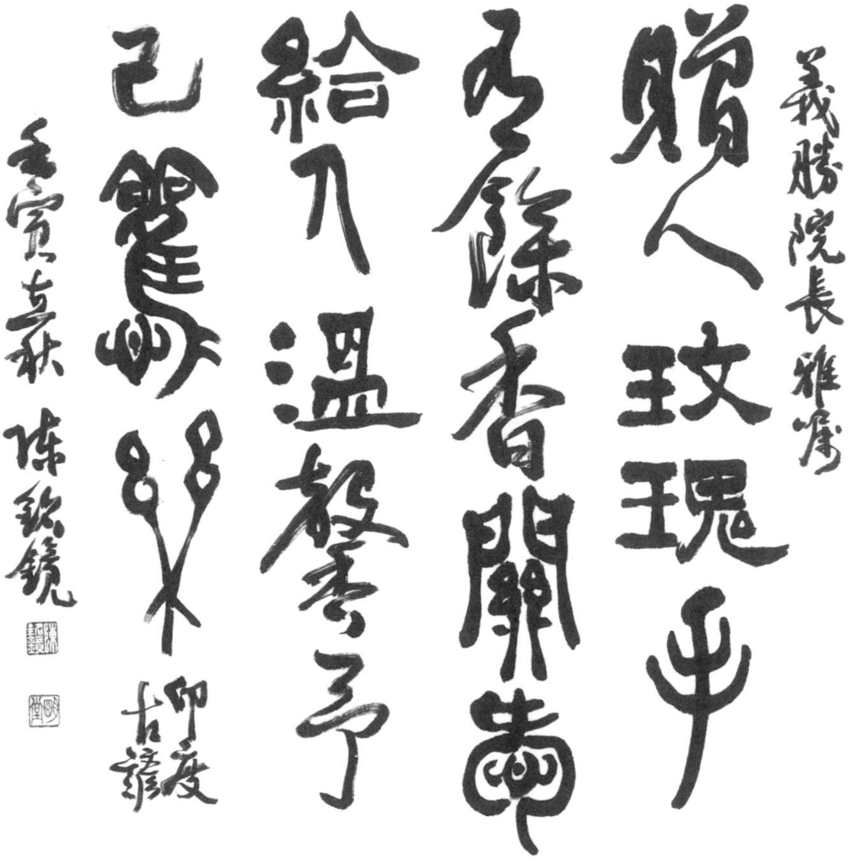

陳銘鏡老師惠賜題字。

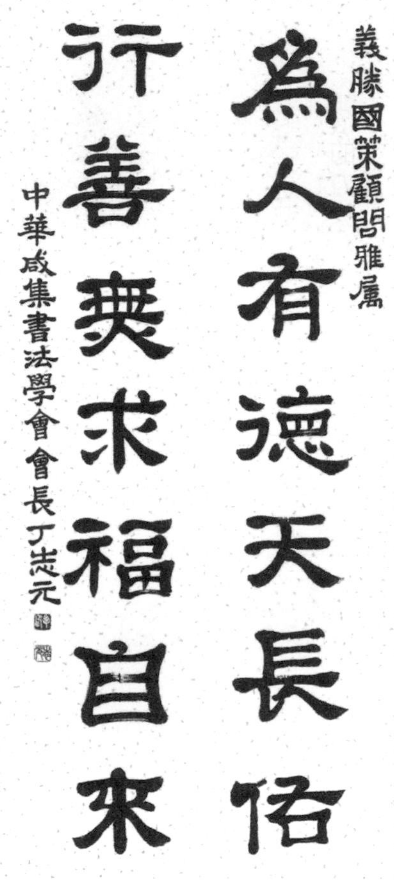

右圖：丁志元會長惠賜題字。
左圖：我臨王羲之字以自勉。

目次

Contents

第五章　仁康醫院轉型成功記

第六章　我以扶輪人為榮

1

我來自雲林崙背

雲林是康義勝的根，康家全家於雲林老家牌樓前合影。

我是崙背的孩子

我來自雲林鄉下，崙背是我的故鄉。

有「農業首都」之稱的雲林縣，位於臺灣中南部嘉南平原最北端，東鄰南投縣，西臨臺灣海峽，南以北港溪與嘉義縣交界，北隔濁水溪與彰化縣鄰接。東西寬約五十公里，南北長約三十八公里，總面積約一千兩百九十平方公里，劃分為二十個鄉鎮市，人口約六十七萬人。

不像虎尾、斗六、北港、麥寮等較為人耳熟能詳的雲林大生活圈，我的故鄉崙背少了觀光、地方創生等新產業帶動，對一般大眾來說，較為陌生。

不過，在地方鄉鎮首長帶動下，近年來崙背以苦瓜、洋香瓜、乳牛、錦鯉還有瓦楞紙，漸漸打出知名度。

別以為崙背就是個窮鄉僻壤的小鄉下，其實臺灣早期沒有高速公路的時候，位於臺十九線南北交通要塞處的崙背，也曾一度繁華熱鬧風光過，只可惜自從一九七八年（民國六十七年）中山高速公路全線通車後，交通方式改變，民眾南北往來更為便利，卻也使得崙背的人潮不復以往，風華不再，隨著時代變遷，現今的崙背人口外移多，老化問題頗為嚴重。

從雲林崙背鄉放眼望向中央山脈。
（許可雋攝，2021.6，🅭）

打開歷史課本，提到崙背原名「貓兒干」，相傳在元朝末年，有義民從大陸渡海來臺，在今雲林麥寮一帶海濱上岸後，茫茫不知要落腳何處，於是卜卦請示神旨後信步往東邊前行，當義民走到一處沙崙，看到一隻母貓帶著三隻小貓在沙崙上生活，他們認為這是神的旨意，於是就此定居在此沙崙，並稱此地為「貓兒干」。

這當然是民間的傳說，難以考證，不過這裡早期的確是平埔族的貓兒干聚落，在市鎮開發前，也的確是沙崙地形，那時開拓先民為躲避暴雨及洪水，選擇地勢較高的沙崙偏南地帶定居，後來人口慢慢增加，越來越多人移居沙崙北面，便以沙崙為界，沙崙南面的村莊稱為「崙前」，沙崙北面的村莊稱為「崙背」，由於崙背市區位於沙崙之背，所以光復後就改名為崙背鄉。

翻開臺灣地圖，崙背位於雲林的西北邊，西邊緊鄰麥寮鄉與二崙鄉，北邊則隔著濁水溪與彰化大城鄉相望。

我的祖父康寡年輕時，就是從彰化大城鄉越過濁水溪，搬遷定居崙背，從事農耕維生；我的父親康皮身為康家長子，繼承祖業，二十八歲娶我的母親陳月，務農勤耕，夫唱婦隨。

父親母親陸續生下大姊康含笑、大哥康進坤、二哥康進好、三哥康進西，在那個「不知節育為何物」的年代，父母親增產報國不落人後，父親四十四歲誕下二姊康梅香、四十六歲時三姊康菊出世，等到我這個「康家老四」、家裡最小的么兒呱呱落地時，父親已經高齡五十一歲，母親也滿四十三歲了。

我還記得，小時候我們一家老小住的三合院，是以稻草為屋頂蓋成的「土角厝」，睡的是木板床，廁所則是後院沒有化糞池的糞坑，如廁時我們都格外小心腳下千萬要踩好踩穩，以免跌進糞坑裡爬不出來。

到我念小學時，為我們遮風避雨多年的土角厝，破敗不堪，倒了，後來大人們才改建成瓦片屋頂的「竹管厝」。

約莫在一九五〇、六〇年代左右，正是崙背最繁盛的時期，雖然當時居民多以務農為主，但因崙背地處交通要道，在中山高速公路尚未建成之前，南來北往的旅客都會經過崙背，同時崙背也是通往北港朝天宮的必經之路，各地前來進香的民眾絡繹不絕，生意人腦筋動得快，許多旅館、酒家、茶室和電影院遂紛紛出現，當時崙背甚至有「小上海」美稱，熱鬧繁榮的景象可想而見。根據同鄉回憶，當時周圍臺西、麥寮一帶有很多養豬人家，收入頗豐，由於周邊鄉鎮發展得慢，不像崙背娛樂場所多，賺了錢的年輕人若想要消費，都會往崙背聚集。

我三叔康老業很有生意頭腦，民國四十年初期，他抓準時機，在崙背鬧區蓋起一棟混凝土的戲院，取名「昇平戲院」，共可容納一千名觀眾，當時真可說是萬人空巷，熱鬧非凡。

不僅昇平戲院生意興隆，連戲院周邊開的茶室、酒家、小吃店、冰果室等，也跟著雞犬升天，人人都賺大錢。

那年代的戲院，不只會播放電影，也會有歌仔戲、布袋戲的現場演出，是電影和戲劇交替的表演場所，很多年輕人都流連忘返於其中，連我也是。

還記得那時我們已經和二叔、三叔，一起住在改建成竹管厝的三合院裡，不過，由於當時父親早已生病離世了，養家重擔全落到母親一人身上，幸好有三叔等長輩們協助，我們一大家子才能撐下去。

我的父親康皮，身為康家長子，年輕時為了照顧年幼的弟妹，縮衣節食，日夜耕作，等到他結婚生子後，繼續扛起一家之主的責任，因為子女眾多，生活負擔沉重，長年積勞成疾，最後因胃潰瘍不治，五十八歲就撒手歸天，那時我年紀很小，只有五歲，對父親的印象很模糊，沒有太多記憶。

唯一一個深刻記憶，就在父親喪禮當天。當時我年幼不懂生離死別之痛，父親的遺體放置在大廳牆角，家裡上上下下不分老幼，忙進忙出，每個人神情哀戚，哭喪著臉，只有我不懂傷心哭泣，還在嬉笑，叔叔見狀，冷不防往我的小臉甩了一記大耳光，痛得我當場嚎啕大哭。

我依稀模糊記得，父親總是早出晚歸，為了家庭賣命工作，當時家裡的經濟狀況並不允許上相館拍照，父親過世後，多年以來，我只能從一張父親的畫像去想像父親當年慈祥和藹的模樣。

自從父親離世，母親陳月一肩扛起養家重擔，每天辛勤耕田、做家事和照顧孩子，蠟燭兩頭燒。母親不識字，無法教我功課，不過她每天再忙，總是會為我準備便當帶去上學，雖然便當菜色不是很豐盛，但我仍感受到滿滿的母愛。

我是家裡最年幼的孩子，我跟大姊差十九歲，大哥大我十七歲，就連年紀最輕的三姊，也比我大九歲，對我來說，「長兄如父、長姊如母」，我們家雖然很窮困，但兄姊對我疼愛有加。

我從小失去父愛，由大哥康進坤兄代父職，填補父親的空缺。大哥當國小老師，理所當然負擔

慈祥的母親陳月女士。

起教育我的責任，帶我北上求學，更教導我很多做人做事的道理。

大哥從小教育我：「做人比做事重要」，要「嚴以律己、寬以待人」，不能因為別人貧窮或不如自己，就看不起人家。至於我的大嫂雖然沒念過書，不會說大道理，但是大嫂從小訓練我做家事、看店批貨做生意，很信任我，重要的事情都放心交給我，養成了我負責任的態度。

我的大姊康含笑更是像媽媽一樣從小呵護我，大姊在我還是襁褓小娃娃時，每天揹我去田裡工作，後來我在臺北開設仁康醫院最繁忙時期，大姊還特地隨媽媽北上與我們同住，幫忙照顧我的三個小孩，特別是對我的小女兒康淑如，更是像當自己女兒一樣疼愛，淑如因此常常笑稱她好像多了一個媽媽。

我非常感恩父母生我養我，大哥大姊教我育我，我有幸在崙背出生，快樂長大，即使北漂多年創業有成，故鄉的美好我仍念茲在茲。我愛我的故鄉，我的家，我願意這樣跟全世界的人打招呼：「哈囉！你是哪裡人？我是崙背人。」

我的童年

「轟隆轟隆」、「劈啪啪啦」、「嗡——嗚嗚」，在一九四四年到一九四五年二戰末期，整個臺灣從北到南，幾乎都曾受到盟軍空襲，而我，呱呱落地在刺耳空襲警報嗚嗚聲夾雜天崩地裂砲彈聲這樣的年代，我用哇哇啼哭對抗轟隆砲響，在雲林縣崙背鄉中厝十九號，慢慢長大。

一八九五年一紙馬關條約，清朝把臺灣割讓給日本，展開臺灣的日本統治時代，長達五十一年，直到一九四五年十月二十五日，二次大戰結束，臺灣光復，國民政府從日本接手統治臺灣和澎湖群島，這年，我還不滿兩歲。

戰後光復初期的臺灣，民生凋敝、百廢待舉，像我們這樣食指浩繁的佃農之家，光靠父親一人努力種田耕作，根本養不起一大家子，家裡窮困潦倒、饔飧不繼，父親經常有一餐沒一餐，最後積勞成疾，五十八歲就駕鶴西歸。

日本時代的臺灣家庭，沒有節育觀念，家家戶戶都生很多，不過夭折、早逝的也多，我雖然排行老么，算是家中老十、第四個男丁，不過上面的手足曾經夭折三名，兄弟姐妹只剩七人，打從父親過世後，母親含辛茹苦，靠著一小塊田地耕作，獨自撫養七名子女，處境甚為艱難，要不是有父親其他兄弟姐妹們幫忙照拂，我們一家難以為繼。

我是家中么子，個小力薄，七、八歲的我，沒辦法像大哥二哥他們那樣做田裡粗活，我所能分擔的唯一農務，就是當個稱職的「牧牛童」，每天清晨上學前，我必須要先把我家最重要的經濟支柱——水牛「阿灰」給餵飽飽，伺候得服服貼貼，讓「阿灰」吃飽喝足，天一亮七點準時出門上工，就是我對家裡最大的貢獻。

有時「阿灰」會吃廚餘調配出來的「美味佳餚」，但調配佳餚這種工作，學問頗多，通常是大人的工作，我年紀尚小，只能負責餵牛吃「甘蔗尾」。

所謂的「甘蔗尾」，就是收穫甘蔗時砍下的頂上兩到三個嫩節和青綠葉片的統稱，新鮮的甘蔗尾含蛋白質高，含糖量也高，是很好的牛飼料。

我總是清晨四、五點天剛亮未亮時，起床準備，我先把甘蔗尾折成我的小手能握住的長度，再餵給「阿灰」吃。大部分的時候，「阿灰」很聽話，吃得津津有味，看牠細嚼慢嚥，一根接一根，讓我這個小主人很有成就感。

不過，偶爾「阿灰」還是會耍耍脾氣，牠這牛脾氣一來，拗得很，硬是不張嘴吃，我就急了，這時候我只好用空出來的另一隻手，用力掰開牠的嘴，再從牙縫中，順勢奮力把甘蔗尾塞進去，一番奮戰後，總還是可以戰勝牛脾氣。

等餵完牛、吃完早餐後，我就趕忙拎著我的書包和白布鞋，走路上學去。

說到書包，不是像現在學童們身上背的那種印滿卡通圖案的酷炫書包，或是充滿質感的皮書包，我們當時小學生的書包，都是用草蓆編織成的草蓆袋。草書包不值錢，我們這些孩童們最捨不得的，還是那雙乾淨白布鞋。

戰後光復時期，全臺物資缺乏，吃的喝的都不夠了，更何況是用的穿的。當時白布鞋太珍貴，我們都很怕被路上泥巴弄髒，從中厝村到崙背國小，大約三公里，需要走半小時，一路我都打赤腳，小心翼翼拎著這雙寶貝，直到踏進校門前，才肯穿起來。

還記得念崙背國小那四年，我只有唯一這雙白布鞋，從我小一穿還嫌太大，到小四腳丫長大幾乎快塞不下，我仍然沒有第二雙新鞋可以換，不得已我只好踩平鞋後跟，把這雙陪了我四年的小號布鞋，當拖鞋在穿。

當時家裡窮，沒有白米飯吃，我們都以番薯籤為主食，便當裡黃色比白色還要多，配上百年如一日的菜脯，打發一餐。只有偶爾會在便當的一個小角落，驚喜出現一點點白米飯，對我來說，當天的便當就是讓我邊吃邊想流淚的五星級便當了。

細細回想起來，好像念幼稚園時我最開心，因為在學校除了玩耍，還是玩耍，伙食也比在家好，尤其那時還有「美援牛奶」可以喝！

所謂「美援牛奶」，是第二次世界大戰結束後，臺灣戰後物資極度缺乏，美國卻因為農業機械化導致糧食過剩，於是一九四八年通過「援華法案」，對臺灣實施經濟援助，美國將脫脂奶粉、小麥等過剩農產品傾銷來臺，供應給兩百多間學校。

對歷經戰火洗禮的臺灣人來說，到教會領取小麥、麵粉、奶粉等民生用品是很有感的，一九五一年到一九六五年這段美援期間，免費「吃美援」是當時人們茶餘飯後最津津樂道之事。

戰後吃的穿的都沒有，玩的就更別說了，在我們那個艱困的年代，想玩什麼都靠自己動手做，尤其住在鄉下，大自然萬物奧妙，俯拾皆是，樣樣都是我們的玩具。

我是家裡的老么，和兄姊年齡相差一大截，根本玩不起來，平常我都是和村裡同年齡孩童玩在一起，我還記得當時跟我最要好的玩伴叫做「阿狗」，我們最常玩陀螺。

一顆陀螺好不好，重點在於竹頭。因為竹頭很硬，很適合做成陀螺，而它中間有洞，轉起來特別大聲，特別迷人。

找到適合的竹頭之後，我們再用刀片慢慢削成陀螺，通常大家精心製作出來的陀螺有大有小，但我們一決勝負時，並不是看誰的陀螺大，也不是看誰的陀螺漂亮，更不是看誰的陀螺轉得最久，我們比的是誰的陀螺轉起來聲音最大、最響亮。

為了當贏家，放學後，我們幾個小夥子都在忙著找竹頭、削陀螺，完成作品之後，圍在一起比賽打陀螺，席間你一言我一語，歡呼聲、怨嘆聲，伴隨著陀螺旋轉聲，此起彼落，好不熱鬧。我有一雙巧手，削出來的陀螺轉起來嗡嗡作響，大家都叫我「陀螺王」，說有多好玩就有多好玩。

身為老么的我，和兄姊們的年齡相差一大截，小時候玩不起來，但卻受到許多照顧，度過無憂無慮的童年。年少時照相的機會很少，婚後才有較多機會與兄長們合影。

1 與三哥（右一）合影。
2 與大哥（右一）、二哥（右二）、三哥（右三）合影。
3 貴華與嫂嫂合影（左起：廖貴華、三嫂、二嫂、大嫂）。

就這樣，我的童年每天無憂無慮，沒有甚麼「有夢最美」的大夢想，也從來不曾望著浮雲思索未來，一直到我升小四的那年寒假，隨著大哥來到臺北這個繁華大都市，第一次跨出從小長大的小村莊，我的心境才首次產生了變化，發現原來世界這麼大，大得超出我的想像。

我有一口好牙，全拜此物所賜

「噹！噹！噹！噹！」平交道的手動柵欄緩緩降下，看柵工揮著紅旗指揮交通，一旁圍觀、追火車的鐵道迷哥迷妹們，紛紛舉起手中的相機、手機，等著全臺唯一還在行駛的運蔗五分車，緩緩駛入鏡頭。

上述的情景，把現代臺灣年輕一輩「追火車」鐵道迷們，描繪得栩栩如生。每年十二月到隔年三月，是虎尾糖業鐵道最繁忙的時刻，也只有這段製糖期，馬公厝線一帶，會出現許多追火車迷，等著捕捉擁有百年歷史的五分車身影。

一九〇六年（明治三十九年）由大日本製糖株式會社設立至今已有一百一十五年歷史的臺糖虎尾糖廠，現在還遺留著載運甘蔗的五分車，靜靜矗立在糖廠博物館內供民眾參觀。

運蔗糖鐵之所以名為「五分車」，是因為其專用鐵道的軌距僅七十六．二公分，是國際標準鐵軌的一半，所以大家都習慣稱它為五分車。

早年臺灣糖業全盛時期，臺糖小火車鐵道有一萬多公里，雖然現在全臺還有雲林虎尾、臺南善化兩家糖廠有製糖，但用五分車載運甘蔗路段，只剩虎尾到褒忠約十六公里這段馬公厝線，而臺南善化糖廠都以大貨車載運為主。

雲林縣政府全力推動觀光，趁著二○二一年臺灣觀光自行車年，在季節限定的十二月到隔年三月，首推「二○二一追五分車　虎尾甜蜜蜜」行程，由於五分車和高鐵下上交會處在虎尾鎮北溪里，民眾騎上腳踏車，與五分車、高鐵來個「鐵馬、五分車、高鐵『三鐵』同框」，不少鐵道迷就愛捕捉「一慢」（時速三十公里的五分車）與「一快」（時速三百公里的高鐵），雙方交會就只有短短一瞬間，稍縱即逝，別有一番趣味。

我不是火車迷，也沒有像時下年輕人那樣熱血追火車，不過，那輛漆著橘色加紅色的德馬車頭，奮力拖著超過五十節車廂的載蔗五分車，以時速十六公里的速度慢慢前進，看它來得好慢好慢，又拖得好長好長，這景象可是我們

雲林縣政府推動虎尾糖廠五分車復駛計畫。
（引自雲林縣政府官網）

這個年代的人，兒時的共同回憶。

每次我返鄉時看到虎尾糖廠的煙囪，冒出陣陣白煙，載著甘蔗的五分車「哐當！哐當！」緩緩駛進市區，空氣中飄出淡淡的甘蔗甜香，撲鼻而來，忍不住猛吸一下，勾起我甜蜜蜜的兒時回憶。

崙背鄉緊鄰著虎尾鎮，而虎尾糖廠與新營糖廠、屏東糖廠，並列為當年臺糖製糖鼎盛時期的三大廠，當年，崙背鄉也看得到緩緩行駛的五分車，從我們眼前慢慢開，在那個吃不飽的貧乏年代，直接從車上拔一根下來咬，就對了。

小時候三餐僅以番薯籤果腹，根本沒有零用錢可以買零食，嘴饞的時候怎麼辦？大自然就是我們的零食鋪。

那時的鄉間，家家戶戶不是種番石榴、龍眼樹，就是木瓜、楊桃樹，我們

正在製糖的虎尾糖廠。
（Pbdragonwang 攝，2012.12，🅭）

這群小夥子，爬牆、爬樹摘點「零食」果腹解饞，是常有的事，其中我最愛的，就屬甘蔗了。

甘蔗一般分為紅甘蔗和白甘蔗兩種，白甘蔗外皮綠色，質地粗硬，不適合生吃卻含糖量高，主要用來製糖；至於紅甘蔗則皮色墨紅，莖肉富纖維質，清甜多汁不膩口。從日本時代到光復初期，甘蔗是臺灣最重要的經濟作物之一，當時為了保護製糖產業，還規定人民不能損害或任意食用白甘蔗。

崙背屬於虎尾糖廠的腹地，栽種的都是白甘蔗，白甘蔗雖然吃起來沒有紅甘蔗那麼可口，但因為它的存在，讓我們每年的身材像吹氣球般，忽胖忽瘦。

家鄉的甘蔗屬春植甘蔗，每年夏天採收季時，不管是田裡順手拔，還是追著甘蔗五分車用長棍硬敲下來，每天甘蔗吃到飽，夏天就是我們瘋狂進行養胖計畫的時候，到了九、十月時，我們的身材果然很明顯圓了一圈。

至於一到六月時，因為沒有甘蔗可以吃，好不容易養胖的身體，又會消氣下去，等待著下一次的進補期到來。

除了養肥身體靠甜甜的甘蔗之外，甘蔗其實還有另一項大用處。

甘蔗是美味的水果，它的莖硬難咬，想要嚐一口甜蜜果汁，可得大口咬下用力咀嚼，同時，甘蔗中含有大量粗纖維，在吃甘蔗時反覆咀嚼這些纖維，可以把口腔和牙縫中的食物殘渣及沉積物清除乾淨，而反覆咀嚼甘蔗，也在鍛鍊口腔肌肉，增加咬合及臉部肌肉的力量。

我可以很驕傲地說，活到我這把年紀，還能有一口好牙，全拜咬甘蔗所賜。

大哥影響我一輩子

我五歲失怙，儘管少了父親陪伴，生命似乎也沒有太大陰影，也許是因為我有一個大我十七歲的大哥，忠實稱職扮演著「長兄如父」的角色。

父親早逝，大哥一肩挑起教育我的責任，他很嚴格，總是耳提面命，要求我把書讀好。

大哥的志向不在務農，他虎尾農校畢業後，就去考試，如願當上了小學老師。我小四那年寒假，在崙背國小任教的大哥，轉調到臺北大安國小，大哥看我還算有點唸書的頭腦，於是帶我北上，轉學到臺北大安國小就讀。

還記得四年級下學期我從鄉下崙背小學，轉學到繁華大都市的大安國小，我深深感受到城鄉差距的可怕，在崙背國小時，我成績還算不錯，但到了大安國小，課堂上我完全聽不懂老師在說甚麼，結果不出所料，我考了個全班最後一名。

那時的老師是會體罰的，他要求我們每個男孩子都必須理光頭，考不好，就用棍子從頭上敲下去，老師總是邊敲邊說：「看看你頭腦會不會變清醒一點」，想當然爾，我每天頭上都頂著大包小包回家。

大哥一看這樣不行，在我小四升小五的那年暑假，幫我從學校借回了大安國小一到四年級的所有課本，不准我出門，要我乖乖閉門苦讀。

我還算孺子可教也，白天大哥一樣出門去學校辦公，嫂嫂也忙著做生意，我就從小一的課本慢慢自己從頭念起，一字不漏背記起來，念累了，就拿報紙來練練毛筆字，當休閒娛樂。

就這樣拚命用功念了一個暑假，小五開學後，上課總算聽得懂老師教的東西了，我的成績也大幅進步，一舉衝到班上前十名，六年級更擠進前五名，老師、同學對我無不刮目相看。

在大哥的帶領教導之下，我除了維持好成績之外，額外的收穫，就是練就一手「刻鋼板」的好功夫。

現代人都習慣用影印機印文件，不然就是用電腦打字、滑手機或平板電腦閱讀資料、電子書或漫畫，可能不懂、也沒聽過什麼是「刻鋼板」。

可能八十年代以後出生的人就已經沒有刻鋼板的記憶了，但在臺灣光復初期，上課用的講義、考卷，辦公室裡的文件，都用這種方式油印複製出來的。

民國四十、五十年代，學校還沒有影印機，搭配教學需求的試卷、講義，往往以油印機來印刷。印刷前，先將蠟紙鋪於鋼板，以鋼筆在蠟紙上逐字刻寫；刻好後，將蠟紙放在油印機的濾網上，備妥印刷用的白紙，蘸了油墨的滾筒滾過濾網，才能一張張印出，非常辛苦，三十份的考卷至少要印一個小時。

大哥身為老師，薪水微薄，要養大嫂和四名子女，還要養我，家計負擔頗重，那時為了貼補家用，大哥包了不少刻鋼板的外快回家做，為了回報大哥大嫂的照顧，我常常晚上寫完功課後，也幫忙大哥刻鋼板。

刻鋼板費時耗工又傷眼力，不過我年紀輕，只需一個半鐘頭到兩個鐘頭就刻完一張，速度快，字跡工整，當時有不少人指定要我刻，我記得當年刻一張考卷大概可以賺十元左右，我那時很努力，一個晚上甚至可以賺取一百多塊錢。

別以為我一個晚上刻這麼多鋼板，賺不少錢，好像很簡單，實際上，想要生產出理想的油印品，從刻鋼板到油印，是要有真功夫的。

首先，字跡得工整清楚，不得塗改，免得畫面難看，所以下筆時要小心翼翼。其次，以鋼筆在蠟紙上刻寫的力道必須拿捏得宜。所謂「蠟紙」的結構是上蠟下紙，易滑，且更重要的是必須刻透蠟，但又不能刻破紙，一筆一畫既不能太輕，也不能太重，需輕重勻稱，否則經常會刻破蠟紙而前功盡棄。

再來印刷也是門功夫，需要乾淨俐落，以免油墨四處噴濺。

說起來，當年不只刻鋼板的老師累，學校的工友更是辛苦，每到考試時節，複印考卷，不是按個影印機的複印按鈕就完事，必須一張一張考卷滾油墨，想來就心生佩服。

也因為長期刻鋼板，念高年級時，當我伸出拿筆的右手，在中指的指甲下沿，總會看到稚嫩的皮肉上生著厚厚的厚繭，這也算是我回報大哥大嫂恩情的光榮印記吧。

最近幾年，我又重拾習字樂趣，這回特別拜師學藝，一筆一畫，臨帖揮毫，陶冶性情。我兒仕仲知道我愛寫書法，不時會買墨水送我當禮物，看到老師在宣紙上畫紅圈圈，點評我字寫得好，非常有成就感，人家常說：「字如其人」，我的筆墨蒼勁有力，揮灑自如，真心感謝當年為我打下基礎的大哥。

隨著歲月流逝，大哥日漸年老力衰，我在二〇一一年創立新北仁康醫院附設護理之家，接八十四歲的大哥來居住，好就近陪伴他，我兒仕仲也很懂事，偶爾抽空來看我大哥，帶他出去走走，順便帶大哥去吃他喜歡的日本料理。

值得一提的是，聽醫院的職員轉述說，就在大哥離世前一晚，高齡九十歲的他，竟

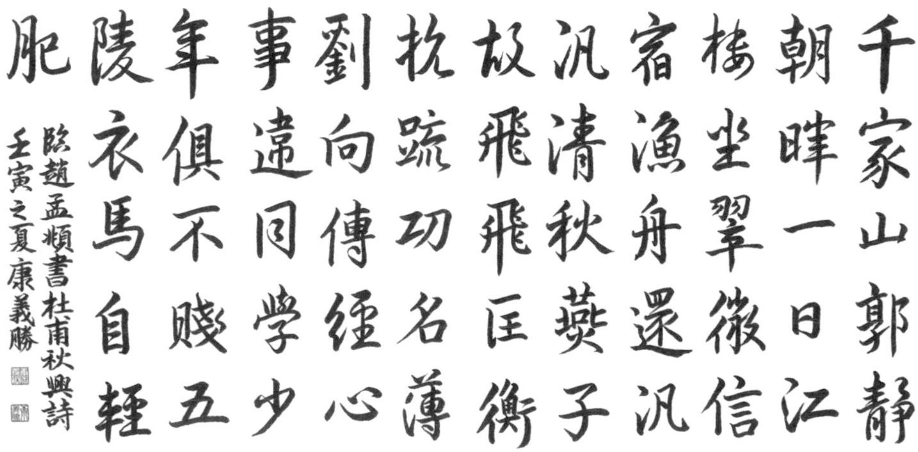
千家山郭靜
朝暉一日江
樓坐翠微信
宿漁舟還汎
汎清秋燕子
故飛飛匡衡
抗疏功名薄
劉向傳經心
事違同學少
年俱不賤五
陵衣馬自輕
肥
臨趙孟頫書杜甫秋興詩
壬寅之夏康義勝

近幾年重拾書法興趣，拜師習字。練字之餘，憶起大哥，點滴在心。

然錯過宵夜時間，一反常態將整棟病房都巡房過一遍，一直巡視到半夜十二點才回房吃宵夜，之後他沉沉睡去，一覺不醒，半夜靜靜地走了。

大家都覺得，應該是大哥知道自己的時間到了，才會幫忙巡房巡至三更半夜，除了感謝這些年來護理人員和我們這些晚輩對他的悉心照顧，同時也是看大家最後一眼，當作告別。

我非常感恩大哥當年對我的教誨與照顧，他的身教言教，深深影響了我，沒有大哥，就沒有今天的我。

與兄嫂合影。
左起依次為二哥康進虎，大哥康進坤，三嫂張水油。

與兄姪合影。
左起依次為：姪子康仕訓、二哥康進虎、大哥康進坤、康義勝。

與岳父、兄弟合影。
前排左三為岳父、後排右一為貴華之二伯、右二為貴華之九叔。

迷上布袋戲，我留級了

在我那個年代，還沒有實施「九年國民義務教育」，我們從小學升初中，要用考的，上了初中如果成績不好，還會「被留級」，很不幸，我就是那個初一念兩次的留級生，原因無他，攏是為著「布袋戲」。

若問臺灣布袋戲的故鄉在哪裡？十之八九都會回答「雲林縣」。早在兩百多年前，傳統布袋戲隨著大陸原鄉的藝師、劇團與家族，流傳到臺灣雲林，全臺布袋戲主流，從傳統布袋戲、金光布袋戲、電視布袋戲，都可以在雲林找到它的歷史發展軌跡。

許多為人熟知的布袋戲大師，大多數出身雲林，從最早期的傳統布袋戲代表鍾任秀智、黃馬，或是劍俠戲代表黃海岱、鍾任祥；還有金光戲代表黃俊卿、鍾任壁、黃俊雄、廖英啟；一直到電視布袋戲代表人物黃文擇、黃強華。

創立虎尾五洲園的「紅岱伯」黃海岱，一生就是臺灣近代布袋戲的發展史，他將清代章回小說改編成《忠孝節義傳》，創造了臺灣布袋戲史中最重要的英雄偶像「史豔文」，不過，真正讓布袋戲偶一夕轟動武林、驚動萬教的關鍵人物，卻是黃海岱的次子黃俊雄。

一九七〇年（民國五十九年），《雲州大儒俠——史豔文》在台視中午時段播出，連演五百八十三集，創下百分之九十七的驚人超高收視率，至今無人能破紀錄，史豔文的出場詩「回憶迷茫殺戮多，往事情仇待如何？絹寫黑詩無限恨，夙興夜寐枉徒勞」，大人小孩人人朗朗上口。

當時一到中午，造成萬人空巷，學生蹺課、農民不下田、計程車司機不開車、公務員無心上班，學校提早下課，老師上課也講布袋戲，學生作文題目寫民族英雄時，竟然寫史豔文，在國民黨政府「黨國至上」、「推行國語」的年代，老師、校長因此被警告，到了一九七四年（民國六十三年），遭政府以「推行國語」與「妨礙農工正常作息」為由停播，但黃俊雄創下的史豔文風潮，至今仍膾炙人口。

有趣的是，劇中的許多人物，至今仍影響臺灣民眾的生活習慣。例如部分民間道教喪禮中，由真人扮演科儀角色「孝女白瓊」，或是媒體輿論常用「藏鏡人」來形容政治人物在背後操縱，孝女白瓊與藏鏡人，都是當時電視布袋戲的角色之一。

一九八〇年代中期，黃海岱孫子黃文擇和黃強華，在無線電視發展遇到瓶頸，轉入錄影帶租售市場，運用強烈的聲光效果、劇情設計的突破與創新以及戲偶角色設定的超能力魅力，成功虜獲新一輩觀眾的心。不管是素還真的「半神半聖亦半仙，全儒全道是全賢；腦中真書藏萬卷，掌握文武半邊天」，還是一頁書的「世事如棋、乾坤莫測、笑盡英雄」，亦正亦邪，有謀有識，吸引一票年輕霹靂鐵粉。網路世代透過素還真重新認識布袋戲，全臺有上百個討論霹靂布袋戲的網站，再創掌中戲另一高峰。

身為雲林鄉親，我對布袋戲發展史很熟悉，在那個沒有電視、錄影帶、電影、手機的年代，布袋戲就是我們永恆的青春印記，許多二、三年級生，最愛拿著板凳，到廟口或戲院去看「紅岱師」演布袋戲。

還記得六年級下學期，二哥、三哥同時接到徵召入伍，為照顧家人，大哥調回崙背國小任教，我也隨著大哥轉學回到鄉下小學唸最後一學期，如願考上虎尾初中。

上了初中，課業壓力更重，不過，我的心思都不在課業上，那時候，我的三叔在崙背鬧區建了一座戲院——昇平戲院，附近有夜來香公共食堂、白光茶室、牡丹茶室等眾多食堂與茶室，夜夜聲光酒色，還有櫛比鱗次的撞球間、漫畫店、家具店等，好不熱鬧，是崙背鄉當年最重要的娛樂消費場所。

光復時期開業的昇平戲院，是磚造建築，建坪一百七十坪，約可容納一千名觀眾，當時戲院主要不是播放電影，而是演出歌仔戲和布袋戲，考上虎尾初中後，我每天一放學，就往三叔的戲院跑，天天沉迷在布袋戲的掌中世界裡。

我記得當年布袋戲劇碼，最流行劍俠劇，大部分是以三國演義裡的英雄人物去改編，我為每個俠義天地裡的有情世界深深著迷，在戲院裡流連忘返，導致初一功課一落千丈，當年兩科不及格就會被當掉，無心課業的我，果然被留級了，只好再重讀一次初一。

不過，我後來的求學過程中，一直非常喜歡歷史，歷史科目的成績也一直非常優秀，可能是因為小時候受過三國演義掌中故事耳濡目染，打下了好基礎。

雲林的布袋戲發展悠久，圖為雲林布袋戲館（原為虎尾郡役所）。
（Bunkichi Chang 攝，2015.3，ⓒ flickr）

我是延平補校「唯二」考上建中的人

初一那年迷上布袋戲難以自拔，搞到留級重讀，我自己也頗懊惱，只得趕緊收心，原以為我會在虎尾初中完成學業，沒想到我與臺北的緣分這麼深。記得初二那年寒假，我又隨著大哥再次負笈北上求學，只是陰錯陽差錯過了臺北聯合插班考試，全臺北只剩延平補校（延平中學前身）還在招生，最後我滑壘成功，進入延平補校初中部就讀。

用「沒沒無聞」、「前景黯淡」來形容延平這間學校，很多人一定不敢置信，但在我少年求學時期，延平是一間乏人問津的學校，來這裡念書的多半是社會人士，例如國小老師、銀行職員等來半工半讀，不然就是考不上初中的學生。

正所謂此一時彼一時，現在的延平中學已非吳下阿蒙，它與薇閣、東山、再興、靜心、復興、康橋等並駕其驅，都是炙手可熱的臺北市私立明星中學。

算一算，自民國八十三年四月十日的「四一〇教改大遊行」開始，臺灣教改超過二十七年了，沒想到愈改愈糟，到了二〇一九年「十二國教」上路，全臺灣老師、家長和學生，更加無所適從，怨聲載道，少子化讓公立學校減班因應，私立學校卻是人人擠破頭，新生報考人數年年再創新高，錄取率卻屢破新低。

近幾年延平中學國中部招生說明會場場爆滿，民國一百一十年度招生人數為四百九十五人，國中新生報名甄選人數多達兩千五百人以上，創下近十年報名人數最多的紀錄，錄取率連兩成都不到。

延平如今華麗轉身，這在我那個年代簡直匪夷所思，難以想像。不瞞大家說，我念延平補校，實在情非得已，要不是當年錯過臺北聯合插班招考日期，以我初中還算優異的成績，應該可以考上不錯的公立初中。話雖如此，但當年發生一件驚險萬分的事，我險些考不上延平補校，落到無校可念的窘境。

還記得補校考試那天，大哥學校還要教課，讓我自己前往赴考，我年紀輕輕，人生地不熟，果然當天狀況頻頻。

延平補校位於臺北市建國南路一段，當時學校隱藏在一群鐵皮房屋的巷弄間，其餘三面都是稻田，還有人戲稱它「水上糞宮」，我左繞右繞，繞到滿頭大汗，急得像熱鍋上的螞蟻，還是找不到學校在哪裡，最後我只好走回大哥的學校向大哥求救，大哥馬上拿起電話求延平校方通融，我在一旁擔心，想著：「一、二、三節課都已經考完了，慘了沒有學校念了⋯⋯」，當時萬念俱灰，一顆心跌到谷底。

所幸天無絕人之路，就在大哥千萬拜託求情之下，校方終於同意讓我利用最後考第四科的短短一個小時，把剛剛漏考的一到三科考卷，連同第四科，一次補寫完，幸好我重讀的初一和初二有認真下功夫苦讀，我把握好不容易得來的機會，振筆疾書，一口氣趕在最後一秒將四科考卷通通答完，最後順利考上延平補校。

說起來，延平這家學校，創校過程跟我找不到校門口一樣，一波三折。

延平中學最早叫做「延平學院」，民國三十五年由創辦人朱昭陽號召成立，是第一所臺灣人創立的大專院校，當時主要提供給在職年輕人晚上進修。

沒想到，開學才一學期，隔年民國三十六年二月就爆發二二八事件，延平學院的學生很多是社會青年，有些人自發和臺灣大學、師範學生一起積極參與罷課行動。沒過幾天，軍隊開進學校，假借發現學校藏有武器為由，命令停辦，延平學院才五個多月就被迫關校。

二二八事件過後，朱昭陽校長積極奔走復校事宜，但時局很亂，在白色恐怖的陰影下，學生越來越少，連老師都怕得要命，要復校真的很困難。直到民國三十七年九月，以「延平高中補習學校」名義先行復校，只是補校的社會地位低微，這也是早期乏人問津、沒沒無聞的原因。

在延平補校求學期間，我的同學們大部分是在職進修的大哥、大姊，我在班上算是年紀最小的學生。

雖然補校的社會地位不高，但朱昭陽校長辦學非常用心，師資陣容堅強，他聘請許多資深知名教授來校任教，其中前總統李登輝先生也曾是名師陣容之一。

記得那時我們的歷史老師，我記得他姓王，是臺大歷史系畢業的，對中國歷史倒背如流，後來王老師考上外交部，當外交官去了；數學老師則是臺大數學系畢業的，教學非常靈活，顛覆我對數學的一些想像，讓本來就很喜歡理科的我，更加喜歡數學了。

那時我念的是早上班，所以只有早上有課，下午我則是回家協助大嫂做生意，常常騎著載貨三輪車，幫大嫂去公賣局批菸酒等雜貨來賣。

那時候每週大約要補貨兩次，大嫂不會騎車，她跟菜市場商家借來三輪車，讓我負責跑腿補貨。我總是從龍泉街騎往羅斯福路，轉入南昌街，再到公賣局，我總是邊騎邊看四周風景，這半個小時不短不長，我還挺享受這段三輪車時光。

說起來，我可是個騎三輪車高手，別以為騎三輪車很簡單，腳用力踩就會動，其實不然，如果費盡九牛二虎之力緊握住龍頭想控制它往左往右，它絕對不會聽話，反而會很拗的一直往反方向偏過去，這時沒騎進大水溝就算運氣不錯了。

騎三輪車就好像哄女孩子，不可緊緊握住龍頭硬要掰回正途，而是它想轉就讓它轉，順著它，到最後，它反而會朝你希望它前進的方向前進，這是不是跟追女孩子的道理一樣？

總之，我在補校的那一年半，白天上課、放學後幫大嫂補貨看店、刻鋼板，我只能利用清晨及瑣碎時間念書，即使晚上十一、二點才就寢，隔天一定清晨五點起床看書背書，傍晚則在車輛來來往往的馬路上大聲背誦英文，練就了一口流利的英文。

說起來真的多虧補校優秀老師們的盡心教導，讓我成為延平補校第一位考上建中的學生，同時，也是「唯二」考上建中的人，怎麼說呢？因為一九五八年延平補校日間部改為正式中學，定名為私立延平中學，身為末代補校生的我，就這樣創下補校金榜題名第一志願的榮譽紀錄！

特別一提的是，多年後，我以醫師身分回母校擔任延平中學第一位校醫，同時也扛下家長會長的重責，我的三名子女都是延平畢業的，這也是我感恩回饋母校的方式。

八七水災來亂，千難萬險趕赴建中報到

從延平補校畢業後，我前後參加了資格考試和聯考，在等待高中聯考放榜期間，我先返回崙背家鄉，在農會當臨時雇員。某天，大哥來電報喜，說我考上建中了，學校要我儘快報到。當時窗外狂風暴雨，有「戰後臺灣最大水患」之稱的「八七水災」，正在瘋狂席捲全臺，外面道路柔腸寸斷，鐵公路交通失靈，但當時消息流通管道不發達，全臺災情有多慘重，不得而知，十六歲的我心中還一片樂觀，完全沒預料到眼前等待我的是一趟跋山涉水、千難萬險的北上之旅。

一九五九年（民國四十八年）八月七日星期五，一個從臺灣旁邊擦身而過、北上朝日本撲去的颱風艾倫，引來熱帶性低氣壓進入臺灣，形成強大的西南氣流，大規模雷陣雨持續下不停，從八月七日到九日連三天豪雨，從苗栗縣、臺中縣、彰化縣、南投縣、雲林縣、嘉南平原各鄉鎮到高雄縣市，整個臺灣西部沿海地區遭受空前水患，這場造成臺灣人民生命財產慘重損失的水災，就是臺灣現代史上最著名的「八七水災」。

八七水災是臺灣光復後第一次全島性的共同災難，突如其來的水患造成受災面積達一千三百六十五平方公里，三十餘萬人淪為受災戶。根據檔案局的統計數

據，死亡人數達六百六十七人、四百零八人失蹤、六百四十七人輕傷、兩百九十五人重傷。因當時的住宅多為土埆厝，大水沖刷房屋全倒兩萬兩千四百二十六戶、半倒一萬八千零二戶，損失超過新臺幣三十四億元，遠超過前年度國民所得百分之十以上，幾乎等於當年臺灣省的總預算。八七水災的影響區域和受災人數，是臺灣戰後以來，僅次於一九九九年「九二一大地震」及二〇〇九年「八八水災」的重大災難。

在各地傳出的災情中，交通方面以新竹到臺南間的鐵公路受災情形最為嚴重，計有兩百九十七處鐵路受損，平均每公里都有災情傳出，幾乎可以用「柔腸寸斷」來形容。大肚溪鐵公路橋樑也承受不住滾滾河水而毀壞，南北交通全面停擺，各地電信也多處中斷，臺中、臺南及嘉義機場都宣布關閉。

雲林北港溪上游的斗六，更是降雨最劇烈的地區，八月七日當天降雨超過一千公釐，等於一天就下完一整年的降雨量，北港溪氾濫成災，位於沿岸的斗南、虎尾、土庫、北港等鄉鎮均嚴重淹水，從颱風調查報告的氾濫區域圖看得出，雲林幾乎全縣遭到淹沒，災民人數比例是八七水災之冠，高達十一萬以上的災民，佔全縣人口六分之一以上。

還記得八月八日星期六那晚，接到大哥從臺北打來的電話，告知建中通知我八月十日星期一就要報到，我怕耽誤報到時間，隔天週日一大早，趕忙帶著輕便行李，從崙背出發，但到了虎尾準備搭火車時，才知道新竹到臺南間的鐵路受災嚴重，呈現完全停擺的狀態，我這才開始焦急，只好沿路搭牛車、電動車、人力車等，反正有甚麼車搭甚麼車，就是要一路北上，朝目的地挺進就對了。

到了濁水溪岸邊，竟然連過河的橋都被大水沖走了，我只好學其他大人改用走的，不顧河水怎麼奔流沖刷，我靠雙腳緩慢艱難地一步接一步，踏過泥濘河床，涉水渡過，直到抵達對岸彰化縣後，再繼續牛車、電動車、人力車這樣一路繼續北上，好不容易到了彰化、臺中交接處的大肚溪。

大肚溪的上游就是累積降雨量最大的北港溪，整個公路橋樑通通被沖

1959 年的八七水災傷亡慘重，圖為美軍直升機空拍受災區一景。
（Ⓟ，原圖存於國家發展委員會檔案管理局）

毀，當時大肚溪水流湍急，奔騰洶湧，夾雜著上游沖刷下來的樹木、泥沙，沒辦法再像濁水溪那樣用腳涉水渡過了，我很焦急，很怕趕不上建中報到，眼前只剩下沒有橋墩的鐵道，是渡河的唯一道路了，說什麼也只能放膽一搏。

我壯起膽，跟著人群，戰戰兢兢，扶著電纜，踩著沒有橋墩的鐵道鐵板，一步一步地慢慢前進，眼睛偶爾瞄到腳下湍急洶湧的滾滾河水，再看著前方搖搖欲墜的鐵道，心裡一直叨念「阿彌陀佛」、「阿門」，祈求觀世音菩薩和耶穌保佑……

就這樣一路重重驚險、排除萬難，有車搭車、沒車用腳，終於抵達新竹，總算有火車通車可以搭到臺北了，算算清晨一大早我從崙背出發，直到三更半夜才抵達臺北大哥家，當時我精疲力竭，疲憊不堪，顧不得跟兄嫂閒話家常，撲向床鋪，立刻沉沉地睡去，心裡只有一個念頭：「幸好來得及趕上建中報到」。

我鋼筋鐵骨、頭好壯壯，有秘密

也許是因為從小在鄉下無憂無慮長大，養成了強健體魄和寬闊胸襟，我非常熱愛運動，舉凡游泳、舉重、摔角、柔道、橄欖球、網球、高爾夫球，樣樣都玩，就連陪老婆跳國標舞，也難不倒我，還曾經有人開玩笑用「被白袍耽誤的運動選手」來形容我。

我不是一個死讀書的人，上了建國中學之後，我熱衷各式各樣的運動，舉重、摔角、橄欖球，樣樣都來。

我念書的那三年，正好是建中校史上最為聲名遠播的賀翊新校長在任，賀翊新校長畢業於北京大學，曾任河北省教育廳廳長，後來在香港被邀請前來主持建中，他是建中在位期間最久的校長，前後長達十六年，他對建中貢獻極大，建中自由學風就是他一手建立起來的。

賀翊新校長不只注重學生學業成績，他也相當支持學生社團活動，包括建中的橄欖球隊、摔角隊，都是在賀校長的大力支持下發展起來的。

早年橄欖球運動在建中校內風行，球員每次出場時總是穿著黑衣、黑褲、黑襪及黑鞋，外界多以「黑衫軍」稱之。

建中「黑衫軍」從一九四六年（民國三十五年）成軍，迄今超過七十五個年頭，日治時期曾在昭和九年、昭和十五年兩度奪得全日本中學橄欖球大賽冠軍，一戰成名，戰後這支臺灣高中橄欖球勁旅，更締造長達十九年稱霸全國高中的空前紀錄，「黑衫軍」之名也成為建中人的堅毅象徵。

建中橄欖球隊可說是建中最具歷史性及代表性的校隊，黑衫軍「堅忍不拔、沉著應戰、承先啟後、繼往開來」的隊訓，也被喻為建中精神的代表。

像這樣歷史悠久的光榮校隊，挑人當然不是隨便挑的，我體格壯碩、人高馬大，很快就被挑選進入黑衫軍校隊。我常常想，當年教練和學長可能是看上我有一雙健美粗壯的「雙腿」，覺得我是可造之材吧。

我之所以步伐矯健、健步如飛，是有原因的。

話說我在建中念書時，每天晚上要幫忙挑水。那時，我和大哥一家住在河堤國小倉庫改建的房子，河堤國小位於新店溪畔，我家那一帶地勢較高，缺水缺得很厲害，夜間挑水的工作就落到我身上。

我記得那時每晚提著兩個空水桶，先走一公里左右，到晉江街一家願意供水給我們用的熟識住戶處挑水，一桶水大概二十公斤，一次挑滿兩桶差不多有四十公斤，我一晚至少挑個五、六趟，等於每晚背一個國小高年級學童在身上，負重跑十幾公里，期間我還必須小心翼翼不能讓水灑出來，長期以往，雙腿不精實也難。

還記得延平補校同班女同學，曾經看著我從短褲露出的一截雙腿，露出羨慕眼神笑說：「你的腳好像美味可口的筊白筍」，她們總是誇我這雙腿又直又粗，非常健美。

建中時期去照相館留下的青春寫真。

早期的建中黑衫軍隊員，功課好、儀表佳，打球風度也很好，年年在臺灣區高中橄欖球錦標賽戰果輝煌，是學校的驕傲，備受師長關注，以及學長學弟們另眼看待，我能夠雀屏中選進入校隊，感到既開心又驕傲。

由於揹負冠軍盛名，歷屆黑衫軍訓練非常嚴格，不論是抱球衝刺達陣技巧，或是操場不停折返跑幾十趟、上百趟，鍛練耐力，魔鬼學長們不把學弟操到陣亡，絕不罷休，因為學長們個個都是這樣被操出來的。

原本我以為我能夠撐得住黑衫軍鋼鐵般的磨練，只是，當年我不只要應付學校繁重功課，每天下課回家後還要繼續負重十幾公里挑水、做家事，我自覺真的沒辦法在學校就把全身氣力耗盡，幾經考量之後，才硬著頭皮跟教練說要退隊。

除了橄欖球之外，我還有參加建中摔角隊，特別是退出黑衫軍之後，我就專心學習磨練摔角功夫。

記得當時我們的教練是鼎鼎有名的「摔角鼻祖」常東昇，他師承保定跤大師張鳳岩，一生練功紮實嚴謹，當年他在大陸時，在中國武壇嶄露他的「保定快跤」神技，年記輕輕就嶄露頭角，最具代表性的是一九四八年（民國三十七年），第七屆全國運動會常東昇代表陸軍獲得全國運動會摔角中乙級冠軍，被輿論界譽為「武狀元」、「摔跤大王」，自此樹立常東昇在中國武壇的地位。

常東昇教練後來隨國民政府撤退來臺灣，專任中央警官學校（中央警察大學前身）教官，並兼任師大、政戰等多所學校摔跤教官；一九五五年（民國四十四年），常東昇教練也應賀翊新校長邀請，於建中成立摔角社，擔任我們的教練。常東昇教練擅長用撕、崩、捅等摔角技巧，「得合」、「麻花掰」是他的摔角絕技，由於保定跤動作沾衣即跌，速度快又乾淨俐落，摔角動作非常漂亮，因此常教練擁有「快跤花蝴蝶」的美譽。

我很幸運得以師承名師，學習各式各樣摔角技巧，常東昇教練非常強調以小制大的「巧勁」，我對摔角這門功夫頗有慧根，再加上夜夜挑水負重，訓練了一身紮實底盤功，我記得高一加入摔角隊時，高三的隊長就已經摔不倒我了。

高中時我學中國功夫摔角，後來我考上了北醫，礙於學校沒有摔角隊，大學時我改練日本功夫柔道。

我們的柔道教練李清楠也是大有來頭，他是第三屆亞洲運動會柔道金牌得主，也是柔道八段加上合氣道八段的高手，當年他短短幾秒鐘就把柔道發源地的日本隊選手扳倒，拿下一勝，震驚全場，大大為國爭光，從日本東京比賽歸國後，他深深發現合氣道的奧妙，一九六七年將合氣道引進臺灣並戮力推廣。

當時李清楠教練對我們這些窮學生非常照顧，除了免費指導我們之外，還常常請我們吃東西。

記得那時在學校練習很克難，幾塊練習的榻榻米平常放在教學大樓兩側樓梯下的空間，要練習時，得把它一塊一塊搬到中央川堂，榻榻米很重，我們都把這過程當作挺舉，順便重量訓練一下。

「柔道靠的是巧勁，不是蠻力」，經過摔角大師常東昇、柔道金牌李清楠兩位名師調教下，我頗有心得，當年我沒有辜負教練的用心，苦練之下，我不只拿到了大學柔道冠軍，更妙的是，還練就了一身救命矯健身手。

有一次，我跟同學借了九十CC摩托車，在臺北市羅斯福路上狂飆，趕著要去上家教課，當時天空飄著毛毛細雨，但因為怕遲到，我不顧一切狂催油門，就在我拚命向前衝的時候，猛然一看不到二十公尺前，有一個推著笨重手推車的老爺爺，正緩緩地穿越馬路，我一時措手不及，心慌之下緊急用力煞車，導致前輪鎖死，車子翻兩翻倒下一路往前滑，我整個人騰空躍起，遠遠飛往安全島外的人行道上，說時遲那時快，但就在我快「著陸」時，身體竟然本能地使出平日訓練有素的「護身倒地法」，一個翻身，我馬上站起來，就像沒發生過甚麼事一樣。

所有路人都因為這場巨大撞擊聲而大受驚嚇，反倒是我，毫髮無傷，完全沒有剛出車禍的狼狽樣。當時我滿腦子只在意家教課要遲到了，只在乎車況是否安好，我檢查發現那台摩托車整個車頭都撞歪掉，幸好還能發動，趕忙牽起勉強還能騎乘的摩托車噗噗噗騎走了，這位老爺爺更加沒事，推著他的手推車慢慢繼續前行。

康義勝鋼筋鐵骨的青年英姿

細細回想，我體格壯碩，人高馬大，身手矯健靈活，可能跟我一個「成長秘密」有關。

母親跟我說，當年她高齡四十三歲才生下我這個么子，當時躲空襲，長年營養不良，再加上年紀大，乳源不足，但幸好鄉下有很多剛生產完的婦女，個個奶水充足，於是媽媽就每天抱著襁褓中的我，輪流到每家喝奶，就這樣到處「認奶媽」一直到快三歲！

可能因為吸取了全村奶媽的母乳精華，擁有五花八門的免疫力，所以我從小鮮少感冒，還長得頭好壯壯、孔武有力、鋼筋鐵骨，真的非常感恩所有餵過我的崙背鄉親婆婆媽媽。

2

叫我白袍「康一刀」

求學時期出遊的帥氣裝扮。

修機器還是醫人？我選擇穿白袍助人

我是佃農之子，家境貧困，求學過程一路波折，我小學念兩間學校，初中也念兩間，一間被留級、一間差點迷路沒考上，不只如此，連考大學也「考兩次轉一次」，好不容易才擠進醫學院窄門，為了因病早逝的父親，我打定主意披上白袍，懸壺濟世。

儘管我當了一輩子醫師，不過現在細細回想，當時年紀小小的我，倒是很想「與機器共舞」。

小學時，我和大多數男孩子一樣，對會動的、會發出聲音、會發亮的機械，或各式各樣小零件，興致勃勃，對我來說，腳踏車、收音機、留聲機、電熨斗、電扇等，樣樣都是極品，都是神物。

民國四十年代的戰後臺灣，人民生活窮困，衣不蔽體、食不果腹，圖溫飽都來不及了，更遑論任何家電奢侈品了。

當時，黑白電視機尚未問世，農村並未全面電氣化，電燈泡、日光燈不發達，多數家庭照明設備仍以煤油燈為主，我讀書寫功課多半依賴一盞小小煤油燈發出的微弱暈黃光線，當時如果誰的家裡有收音機、電扇，那一戶鐵定是村裡的有錢人家。

我有個國小同學張正光，放學後我老愛往他家跑，因為他們家稀奇古怪新鮮玩意兒特別多，像是時髦的收音機，平常很難得見到，但在張正光家裡都看得到。

我還記得，張正光和我兩個小蘿蔔頭，最愛蹲在張爸爸身旁，專注看著張爸爸那一雙大大的巧手，修理各式各樣「壞東西」，不管是爆胎腳踏車，或是老舊收音機，任何疑難雜症，他都能化腐朽為神奇，都考不倒張爸爸。

我總是盯著張爸爸一雙手東摸摸西摸摸，原本發不出半點聲響的收音機，不到一會兒竟慢慢流瀉出美妙的音樂，原本動彈不得的腳踏車，沒多久輪子又開始轉動了，小小年紀的我，看這些機械「死而復生」，對張爸爸的手藝說有多崇拜就有多崇拜，我從小失去父親，在鄉下接觸到的世界又很小，張爸爸對我來說，就是比大神還要偉大的偶像。

影響所及，小小年紀的我曾暗自許下心願：長大後我也要像張爸爸這樣，當一個「什麼都會修」的人。

所以，在建中升高二那年要選組時，我毫不猶豫就選擇了甲組，當年的學制，甲組包含醫理工領域，甲組可以考工學院，也可以考醫學院，當時我對自己的未來還懵懵懂懂，但內心暗暗希望能念工學院。

我（左一）與同學合影。

也許冥冥中自有天意，最終我並沒有走上「工程師」這條路，但殊途同歸，擁有一對靈巧雙手的我，同樣走上「修理」的路，只不過我面對的不是機器，我修理的是「人體」。

之所以職涯出現一百八十度大轉折，主要是當年我的聯考分數不夠上臺大工學院，但可以選填中國醫藥學院或是成大工學院，到底該念醫還是念工？我內心很掙扎。

還記得當時大哥康進坤有個拜把兄弟，名叫周爾親，他在衛生局當督察，常常來我家找大哥聊天，也把我當弟弟看。周大哥聽了我的煩惱後，強烈建議我念醫學院，當時我只是一個普通高中生，缺乏社會歷練，對職業發展前景、社會變化或是世界趨勢等，都不甚清楚，我想周大哥見多識廣，講的話一定有其道理，我思考再三，最後決定去念醫學院。

老實說，在我內心深處，選擇行醫生涯背後最大原因，是我的父親康皮。

父親長期積勞，三餐不得溫飽，不幸罹患胃潰瘍，偏偏家境貧困沒錢醫治，且崙背鄉下醫療資源嚴重落後，父親生病僅喝神明的香灰符水，延誤就醫，他的胃潰瘍症狀每下愈況，愈發嚴重，最後潰瘍深及胃壁，大量出血，導致父親失血過多死亡。

父親英年早逝，在我心底一直是個陰影，我很想靠自己的力量去尋求答案，就算永遠喚不回父親，但卻能夠拯救更多像父親一樣深受病痛折磨的人。

抱著救死扶傷的決心，一九六三年（民國五十二年），我收拾行囊，來到臺中，進入中國醫藥學院藥學系就讀。

當年的中國醫藥學院，就是現在的中國醫藥大學。我聯考那年，當時全臺灣只有五家醫學院，按照創立時間順序，分別是臺大醫學院、國防醫學院、高雄醫學院、中國醫藥學院、臺北醫學院，中國醫藥學院創立於一九五八年（民國四十七年），比臺北醫學院還要早兩年，算是很新、很年輕的學校。

我入學那年，算是中國醫藥學院藥學系第六屆新生。

當年在中國醫藥學院，無論學習內容、師生氣氛，我都覺得很有趣，深感慶幸自己選了醫學這條路，和我的志趣很是相投，只是我念了一年，就轉校了，儘管如此，在中國醫藥學院短短一年的學習，更加堅定我朝杏林高手的目標前進。

之所以轉校，經濟壓力佔了很大一部分原因。當時一碗陽春麵才一・五元，基本工資月薪才四百五十元，教師月薪約七百元，對我這樣出身貧困的窮學生來說，私立醫學院的學費動輒兩、三千元，有如天文數字。

不只學費負擔沉重，當年念中國醫藥學院，大一下學期就不能住校，必須在校外租房子，臺中能擔當家教的工作機會又不如臺北多，我不禁開始擔憂起明年、甚至未來六年學費的著落。

剛好那時中國醫藥學院也在鬧學潮，學校風氣不是很穩定，讓我毅然決然下決心重考，這回我考上臺北醫學院藥學系，再次回到熟悉的臺北就讀。

上臺北後，我住在大哥家，省去了一大筆住宿生活費，同時我也找到較多、較穩定的家教機會，不用再擔心醫學院高學費的沉重負擔，讓我能更專心在學業及思考未來方向上。

就在我又再念了一次藥學系之後，我愈來愈發現，比起跟藥丸打交道，我更喜愛和人直接面對面接觸，於是我下了一番苦讀，隔年參加轉系考，在競爭激烈的轉系考中，順利轉系到北醫醫學系，堅定朝著我要的白袍人生目標前進。

在種種因緣際會和重重波折之下，「醫生」這個職涯跟我劃上等號，迄今超過五十年了。很多人常笑說，我的名字「義勝」，諧音念起來也是「醫生」，好似我這人天生就該從醫，連我自己也覺得很幸運。

我很鼓勵年輕人多多探索自己的興趣，不要怕走錯路，也不要擔心繞遠路，就像我的求學生涯並非一帆風順，但立定目標，有心一定會到達。像我雖然很希望兒子能接我衣缽，但他志趣在土木理工領域，我也很尊重並祝福他，因為我最清楚，就算千難萬難，能夠一輩子都做自己熱愛又可以助人的志業，是多麼奢侈的幸福。

我是醫六屆北醫人

「民國五十三年，我進入北醫接受臺灣醫學的洗禮，鑽研醫學之餘，我愛好運動，因此我參加柔道隊，在兩年內晉升黑帶（初段），我當班代，服務同學並籌組雲林同鄉會，服務校內、同鄉。五、六年級我就到同學家的醫院提早見習、實習、跟刀、書寫病歷，以工讀賺取學費」，一〇〇學年度，我很榮幸獲選為臺北醫學大學企業經營獎傑出校友，當時在校刊上發表得獎感言，其中這短短一百字，栩栩如生貼切描繪出我這個「窮醫學生」的日常。

一九六四年（民國五十三年），踏入北醫校門的我，怎麼也沒想到，五十八年後，我竟會成為傑出校友。

回想起當年剛剛考上北醫的我，光是為了籌措每學期高達二千九百元的學雜費，還有平常吃飯花用的生活費，「放學後我不是在柔道社，就是趕著去家教兼差的路上」，就是我北醫求學歲月的寫照。

說起草創時期的臺北醫學院，對我們這一代北醫人來說，畢生難忘，當時學校可以用「窮鄉僻壤」、「百廢待舉」來形容。

創校之初，校地盡是一片荒蕪的水田，附近一帶人煙稀少，交通非常不便。

由於學校完全由醫藥界人士捐資創設，校務經費一直入不敷出，學校相關基礎建設，都是邊籌錢邊建設，早期的北醫人常常打趣說，學校的形態學大樓、實驗大樓或是帶有紅磚的三層教學大樓，「不是剛剛建好就是還在興建中」。

還記得我入校之時，當時臺北醫學院只有一棟大樓，其他都是鐵皮屋，偌大的操場，雜草叢生。天氣好時，常常可以看到老師與學生們在草地上練習足球或棒球，一旦下大雨，校內這塊草地及周圍泥土路，立刻變成一片坑坑窪窪的泥濘。記得當時我們最怕也最討厭下雨，只要雨一落，吳興街滿地泥濘，從校門口大門直到後棟實驗室，一長條羊腸小道泥濘不堪，寸步難行，「下雨」可說是我們這一代北醫人共同的印記。

北醫創立時，董事長是胡水旺，院長是徐千田，那時只有醫學、牙醫及藥學三個系。第一任院長徐千田在基礎醫學研究和婦產科臨床經驗方面，深受醫界推崇，對學生更是傾囊相授。

對我影響最深的，是病理學權威陳定堯和黃德修兩位教授，這兩位老師都很有個人魅力，病理科又是最實用的科目，當年在學校，我們對這兩位師長是又尊敬又害怕。

陳定堯老師喜歡罵人「歐巴嘎、三八叮咚」，被北醫人尊為國寶級稀才，為北醫培養了不少「有一分證據，才願說一分話」的病理人才。至於黃德修老師，北醫人都怕被他叫去研究室「喝黑咖啡」，他上課不點名，但是用隨堂小考代替，沒達到成績標準的學生，就會被「請」到他的研究室去聊聊天、喝黑咖啡，在歷屆校友問卷調查發現，大家最想見、最懷念的老教授，就是黃德修老師。

學校當時硬體設備簡陋，學習環境克難，儘管名師陣容堅強，但師資人力不足，也沒有附設醫院，所有臨床課程我們都要遠赴榮總、馬偕、仁愛或中興等醫院。

身為班長，我要負責幫同學買參考書、找考古題、借筆記，還記得當年大家一起熬夜K書、拚考試，分組討論，交作業，互相打氣鼓勵，真是非常愉快的一段美好歲月。

當年北醫硬體設備雖然不好，但是學風很自由，社團豐富多采多姿，倒是讓我的大學生活精彩充實，我花了很多時間練柔道，與學長學弟建立良好情誼。

跟我同一屆同學、也是柔道社隊員林元清，常常笑說他在北醫念的是「醫科體育班」，這句話旁人可能聽得霧煞煞，但對我們北醫人來說，可是會點頭如搗蒜。

還記得那時每天下課後，我們幾個柔道社隊員，從儲藏室，把三十幾塊榻榻米搬到教學大樓下面的川堂放好，當作臨時的柔道道場，每次練習兩、三個小時，練完以後再把榻榻米搬回儲藏室裡收好。

那時柔道社連我、學長學弟，才十幾個人，比不上足球隊、橄欖球校隊陣容龐大，不過我們小小柔道社在名教練李清楠嚴格訓練之下，技巧進步得很快，在大二那年我就升初段，之後數年南征北討，總算替學校打響了名號，在醫光盃柔道賽中所向無敵。

我和隊友兼同學林元清同升黑帶，是隊中兩員大將，如今校史回顧，仍可見到我們穿著柔道衣、綁著黑帶的雄姿。

我和林元清（左）兩人勇奪柔道冠軍的雙人合照。

念大學時，因為必須自己賺學費、生活費，所以放學後，「不是在練柔道，就是趕著去家教兼差的路上」，念醫學院本來就不便宜，更何況是私立醫學院，不管是原文書或是器材費等，都不是一筆小數字，記得每學期將近三千元的學雜費湊不齊數，我還得跟老家的叔叔借錢救急。

學雜費可以靠叔叔救濟勉強過關，但生活費可得自己想辦法了，當時一碗麵不過一塊錢左右，我記得那時每月大概可以賺到五百元家教費，我會留五十元自己花用，剩下四百五十元全部交給大嫂。

從大一到大四，我都是靠著半工半讀，省吃儉用度日，醫學院的功課從大三開始愈來愈重，我從高中起，常常清晨五點起床看書，傍晚則在車水馬龍的路邊，就著路邊昏黃的路燈，大聲背誦一個又一個艱澀難懂的拉丁文醫療專業單字，幸好我的慧根還不錯，打下良好的英文基礎。

大五開始，在我的同學羅鴻馨穿針引線之下，我有機會去他哥哥羅鴻展醫師在樹林開設的愛鄰醫院幫忙。當時我尚未畢業，還沒有醫師執照，只能領取和醫工一樣的薪水，但這筆收入已經比家教兼差穩定、豐厚許多，更棒的是，除了賺取生活費還能夠鍛鍊刀法手藝，一舉兩得，我內心歡喜感恩。

大五、大六這兩年，對我來說是非常重要的兩年，除了學校安排的醫院見習之外，課餘時間，我都去愛鄰醫院報到，比其他同學接觸更多臨床經驗，不論急診、婦產科待產、盲腸炎等各式開刀，或是寫病歷、開處方、撰寫開刀紀錄等，都跟在羅醫師身邊學習，因為有這兩年的魔鬼訓練，等到我大七那年當實習醫師時，我的實力已非一般菜鳥，幾乎跟住院醫師同等級水準了。

話說回來，我之所以能夠從一個窮醫學生，最後當上「北醫傑出校友」，應該是多年來我對母校的感恩和回饋，獲得母校肯定。

二〇一二年（民國一〇一年）臺北醫學大學傑出校友遴選委員，選拔我為一百學年度企業經營類傑出校友，當年跟我一起獲得傑出校友榮譽的，是兒科名醫林奏延，他以公共服務類傑出校友出線。

北醫畢業照。

幾年苦讀，我們從北醫畢業了，我和好同學羅鴻馨（左一）、王誠（右一）合影留念。我要特別感謝我的好同學羅鴻馨介紹我去他哥哥羅鴻展開設的愛鄰醫院學習，賺取生活費還能練刀法，一舉兩得。

林奏延小我兩屆，曾經擔任衛福部部長、國衛院董事長，二〇二〇年（民國一〇九年）他從醫界政壇轉戰商場，笑稱自己高齡七十三歲創辦生技公司，是「最年長的新創者」。

臺北醫學大學（早年名為臺北醫學院）一九六〇年創校，迄今滿一甲子，培育超過四萬名優秀醫界人士，北醫校友會遍地開花，從臺灣到全世界，很多國家都有北醫校友會的組織。

北醫遴選傑出校友，從九十二學年度起，迄今已舉辦超過十七年，總共遴選出四十七名傑出校友，其中公共服務類得主，多為現任或前任部會官員或首長，包括衛福部陳時中部長、前衛福部林奏延部長、疾病管制署周志浩署長等。

至於學術成就獎得主，包括曾獲二十九屆「醫療奉獻獎」的骨科權威、義大醫院院長杜元坤，他的臂神經叢重建及足趾移植手指顯微手術，技法獨創，舉世聞名；另外還有第二十五屆中央研究院院士張文昌，他在前列腺素研究領域成就深獲肯定；至於約翰霍普金斯大學教授施益民，在癌症轉譯醫學研究、教學、臨床和行政，成果斐然。

畢業 30 年，與北醫第六屆同學共遊夏威夷各島，在船上合影（後排左四為本人）。

企業管理類則多為醫院創辦人、管理者，或是知名藥廠創辦人或負責人，包括光田醫療體系王乃弘董事長，童綜合醫療社團法人董事長童瑞年、美國華生藥廠創辦人及總裁趙宇天等。

被封為「俠醫」的毒物科權威林杰樑，則是唯一一位獲得北醫特殊貢獻獎的傑出校友。林杰樑英年早逝之後，夫人譚敦慈繼任他的遺志，持續推動國內食安教育。

北醫傑出校友榜上有名、跟我關係較為密切的，是跟我同一屆畢業的王正儀和林元清兩位。

王正儀院長是直腸外科名醫，任嘉義長庚創院院長八年，建立臺灣第一所無片無紙全面資訊化的醫院，他擔任長庚林口總院院長，領導長庚醫院二〇一〇年榮獲第二十屆國家品質獎機關團體獎。難過的是，二〇一八年他病逝，享年七十三歲，令人惋惜不已。

至於林元清，擔任過三屆美國加州聖瑪利諾市市長，投資及參與管理加州六家醫院，連續兩年獲最佳醫療品質獎，連任二〇〇六、二〇〇七年美國華裔民選官員協會會長。他就是當年跟我一起征戰沙場的柔道社成員，那些年我們一起合影的獲獎照片，是青春紀錄，更是美好回憶。

說起來，北醫從最初泥巴地、鐵皮屋，到現在校園高樓雲起，從當年醫、牙、藥三個學系，到今天成為一校十五學系、四十五個研究所，逾七千名師生的大學，六家附屬醫院總床數超過三千床，已是集教育、研究、產學、醫療於一體的教育體系。北醫從最早兩百餘名新生，到現在超過四萬名遍佈海內外各界校友菁英，北醫大成為亞洲五十大及世界前四百大的優質大學，是臺灣私立醫學大學的首選。

正如我當選傑出校友的感言所述：「感謝北醫教育我，讓我們有能力養活自己，服務他人，『專業』是我們最大的資產；做每樣事情都必須很『用心』，很努力；一個人若想成功，很用心很努力，不一定會成功，但不用心不努力，是絕對不會成功的。」

臺北醫學院醫科第六屆同學合影（第二排左起第六位為本人），民國 67 年元月。

我是馬祖「康一刀」

醫學院一畢業，迎來的是「男孩子轉大男人」的必經之路——當兵，不知道是幸還是不幸，我抽到當年人人聞之色變的「金馬獎」，不得已只能苦往心裡吞，收拾行囊遠赴馬祖前線，當醫官去。

馬祖，一個距離臺灣一百一十四海浬遠的列島，從基隆搭船到南竿，至少要七・五個小時，從地圖上看，馬祖跟大陸僅一水之隔，距離大陸福建最近點約九・二五公里，與閩江口相距僅十五公里，比臺灣還要近。

馬祖有四鄉五島，包括北竿鄉、南竿鄉、莒光鄉和東引鄉，島則包括北竿、南竿、東莒、西莒和東引島，自古以來馬祖不過是個淳樸的小漁村，並非軍事重地，但是自一九四九年（民國三十八年）國民政府遷臺後，馬祖便開始實施軍政一元化的統治管理，全區開始進入長達三十六年的軍事管制，當地居民不分男女都必須接受軍事訓練成為國民兵，生活方面包含宵禁、燈火、電信等均受到重重管制，從此馬祖人的生活與戰地文化息息相關。

我永遠忘不了，五十一年前，我和一群菜鳥阿兵哥，從基隆搭船前往馬路報到，當時兩岸關係正是劍拔弩張，大海茫茫，此行不知是吉是凶，眼看基隆港愈

在馬祖服義務役時的軍旅照（1972年）。

來愈遠，我只能內心暗暗為自己打氣，告訴自己要利用閒暇時間準備退伍後的醫師檢定考。

隨著運輸船搖啊晃的，當我們抵達目的地，下船準備到營部連報到時，我抬頭眼睛一望，只見一條漫長不見盡頭的上坡路，蜿蜒而上，我的背脊頓時涼了一半，感覺背後那一大袋裝滿厚厚醫學書籍的行囊，猶如千斤重擔，壓得我喘不過氣，我踩著沉重的步伐，一步一步向上爬，氣力都快用盡了，還爬不到目的地的一半，當時真恨不得把背後這些書通通丟掉。

說起來，馬祖這塊彈丸之地，不是上坡就是下坡，高低起伏大，坡度陡走起來挺吃力的，而通往營部連的這條「好漢坡」，也相當折騰人，整整有一年的時間，不斷磨練我，練出了我一雙健步如飛的勇腳。

馬祖是軍事重地，為了方便掌握敵情，營部連指揮部往往居高臨下，我們的宿舍，幾乎都設置在島內最高處，到了晚上，我們常常要帶阿兵哥，到下面的馬祖澳去查哨，本來在「山上」時冷得要命，冷到必須裹著軍中的棉襖外套禦寒，但「下山」查完哨後再爬上來時，全身熱到脫得只剩那件軍綠色吊嘎背心了，汗流浹背到必須再洗一次澡才能上床睡覺。

我有時想，大概也是這樣的冷熱交替、鋼鐵般的鍛鍊，讓我退伍後加入外科這般耗盡體力的行業，方能應付得游刃有餘，就算開刀連續十幾個小時，站再久我都不嫌累。

值得一提的是，在馬祖，洗澡是一件奢侈的事情，冬天洗熱水澡，更是奢求，在馬祖當兵，三天不洗澡是很正常的。

馬祖水質不佳，又常常缺水，冬天吹來的東北季風又冷又冽，我當兵那時物資缺乏，分配到各基層連隊的煤油也非常有限，所以部隊的弟兄都是利用週末假日，到村子裡的老百姓開的公共澡堂洗澡，每次洗澡一大缸水收費四十元，雖然不便宜，但一位難求。

試想，好幾天沒洗澡，頭癢身體臭，先從浴缸裡挖一大瓢滾燙燙熱水，「唰唰～」從頭全身淋下，從容拿起肥皂，洗頭洗腳抹身體，最後再跳進浴缸泡個澡，是何等爽快啊，這滋味恐怕只有「馬祖兵」才能體會。

那時臺灣還在戒嚴時期，臺海情勢緊繃，一觸即發，金門馬祖位在最前線，肅殺緊張氣氛可想而知。當時兩岸正是實施「單打雙不打」的時期，我們這些菜鳥，要嘛是戒慎恐懼日夜防範砲彈飛過來、「水鬼」摸上岸，不然就是忙著挖散兵坑、對海的那一邊人民信心喊話。

說到水鬼摸上岸，在金馬前線當過兵的弟兄鐵定再熟悉不過了。「水鬼」是指中共的兩棲偵蒐兵，跟臺灣的海龍蛙兵、成功隊、兩棲偵察隊兵種相同，是高度機動的特種部隊，也稱「蛙人部隊」。

兩岸對峙年代，水鬼常趁夜黑風高，潛伏上岸偷襲、破壞或偵察，當時金馬的海龍蛙兵、成功隊，專門抓對岸水鬼，立功記獎換休假。

還記得當年一到馬祖，很多前輩都來「嚇唬」我們說，小心對岸那些水鬼，他們特別愛砍、專挑我們這些軍官的頭下手，聽得我們幾個直打哆嗦，天一黑就開始神經緊繃。

還好，我有專屬「私人保鑣」照看我，讓我每晚安心入眠。這保鑣不是人，是隻癩皮狗。

那時軍營裡有一隻癩皮狗，得了皮膚病，我充當獸醫，幫牠打了很多次針，將牠的皮膚病治好了，從此牠就對我忠心耿耿，晚上總是會像看門狗一樣趴在軍官宿舍門口，只要遠遠的看到有人走過來，就會狂吠，讓我得以安心入睡，不怕水鬼摸哨。

我是醫官排長，早上和下午要帶兵操練，中午就回復我的本行當軍醫，替整個衛生連的官兵看病，有時也兼著幫當地居民診療治病。

還記得我擔任醫官時，發生過一件又好氣又好笑的事。

有一次，我替營部連的輔導長開刀治療甲溝炎，為了取得縫合等治療用的醫療設備材料，我不假思索，打開戰備醫急箱，取用裡面的醫材，不久後，遇到戰備物資抽查，長官發現戰備醫急箱裡面竟然少了針又少了線，震驚不已，當時我才知道，原來「野戰醫急箱」可不能隨隨便便取用，裡面的物資小到針、線，大到紗布、針筒等，只能在「打仗」這個非常時機，才能打開來用。

這下可不得了了，野戰醫急箱裡該有的物資不見，沒有管理好，這可是犯軍法要記過的，記過就要被延遲退役，我萬萬沒料到區區一根針、一條線會這麼嚴重，再懊惱也沒有用，當時我只得想盡辦法解決問題，甚至拜託一位陸軍總部馬祖醫院醫官同學偷塞給我醫材悄悄補上，但還是彌補不了這個過失，就在我放棄希望、做好接受處分的心理準備之際，意外發生了一件美事，讓我敗部復活，僥倖過關。

到底是什麼好事？說起來，跟馬祖「戰地文化」有關。

隨著這些年觀光開放，許多民眾對馬祖最深刻的印象，莫過於那鬼斧神工般的戰備坑道，馬祖被譽為「全世界軍事坑道最密集的島嶼」，其中又以東引的坑道密度居冠。馬祖南竿的「北海坑道」，好比地下碼頭，可以停泊一百二十艘小艇，而東引的「安東坑道」不僅可行駛大卡車，更擁有完善的營舍、儲水槽、養豬場等戰地生活必備設施，這些碉堡、砲臺、軍營、壕溝等軍事景觀或戰備設施，不是別人，都是靠官兵弟兄們不分晝夜、流汗流血、一挖一鋤艱辛開鑿所致。

話說我是如何逃過「被記過」一劫？有一次，我帶著幾個阿兵哥去挖防空洞，結果有兩組阿兵哥挖著挖著，竟然將兩個洞挖相通了，變成循環式的散兵坑，這對馬祖複雜多變的地下戰地工事來說，是一件很了不起、很難得的大突破，後來營部覺得我帶領有功，讓我將功贖罪，免除野戰醫急箱管理不善之責，甚至還將這個循環式散兵坑變成一個示範點，大大獎勵了我們這一排官兵。

就這樣化解了一場危機，而我治好輔導長的甲溝炎，也讓我醫術聲名遠播。

那時候，很多阿兵哥長甲溝炎，行軍走到腳底長繭，嚴重者需進行小手術，病情卻拖了很久，過去沒有軍醫會開這種刀，我成為馬祖官兵口中的「康一刀」。

不只幫官兵看病，馬祖居民也會來找我求診。馬祖鄉親非常熱情，時不時提著馬祖名產黃魚、貝類、雞蛋等送我，感恩慰勞品源源不絕，每晚所有官兵總是擠到我的宿舍，吃著豐盛美味的宵夜，那時大家還笑稱我的宿舍是「瘦子俱樂部」，笑說任何瘦子參加這個俱樂部，絕對馬上脫離瘦子的行列，因為天天都有宵夜吃，就連我的私人保鑣——那隻身患皮膚病、骨瘦如柴的狗，後來也在我這個瘦子俱樂部，被養成了高達七十公斤左右的胖胖狗。

現在回憶起來，在馬祖那一年，排長兼軍醫，平常帶兵查哨、練莒拳，中午看病，累積了非常多看診、開刀等臨床經驗，讓我精益求精，朝一流外科醫師這條路前進。

給我外科其餘免談

當年，我背了一堆書前往馬祖，辛苦的爬上好漢坡，除了準備醫師執照國考，更要準備隔年三月的醫院面試。

我白天帶兵、看診，晚上就在軍官室研讀醫學書籍。我念大五、大六時在愛鄰醫院當助手、大七分配到空總實習時，我就發現我對外科特別著迷、特別有興趣，而後在馬祖當醫官，有不少獨立看診治療經驗，我更加確定自己的志向，決定退伍後到仁愛醫院去應徵。

六十年代，臺北的醫院為數不多，頂多只有臺大、榮總、三總或馬偕等，我之所以選擇仁愛醫院，是因為仁愛醫院當年總醫師執刀機會最多，晚上值班時也大多由住院醫師負責值班，急診病患也不少，既然我選擇外科當職志，評估起來覺得仁愛醫院似乎很適合我。

到了退伍前夕，我利用彌足珍貴的返臺假，去參加仁愛醫院的面試。當時仁愛醫院院長林柳新，是婦產科醫師，早年他創辦了一家婦女專科醫院——協和婦女醫院，不過林柳新院長過世得早，醫院由他的兒子林經甫主持。

林經甫何許人也？他二〇一九年以七十四歲高齡，登上全球四大時尚秀之紐約時尚秀，被文化、時尚界譽為「時尚老人」。林經甫是我北醫學長，大我兩屆，我雖然跟他沒有走得很近，但他的父親曾是面試我的仁愛醫院院長，當年是我的老長官。

話說當年我在仁愛醫院試卷上「志願」那一欄，四個欄位通通寫上：外科、外科、外科、外科，對我來說，我選科沒有第一志願，我只有「唯一」志願。

還記得當時林柳新院長口試時，露出一抹苦笑問我：「你為什麼那麼不喜歡婦產科？連一點機會都不願意給？」我一臉直率回院長說：「我很怕被你錄用」，初生之犢不怕虎，連院長也拿我沒轍。

我這人性好挑戰，特別喜歡全身性的大手術，不希望只做子宮肌瘤、子宮外孕等婦產科單一專科，我尤其想鑽研奪走我父親生命的消化外科，救治更多在苦海邊緣掙扎、原本命不該絕的病人。

當年跟我一起應考仁愛醫院的醫師，大約有三十多人，總錄取人數大約十名，其中外科只收四人，我很順利成功考上仁愛醫院，如願以償，進入我最愛的外科。

好事多磨，三月通過仁愛醫院面試，本來預計六月退伍時就能立刻去報到，誰知竟然碰上蔣中正總統過世，臺海情勢緊繃，前線上緊發條，全面備戰，於是我在馬祖又多當了快半年的兵，直到換防回嘉義後，才順利退伍，整整多數了一百多顆不想數的饅頭。

早年所有的外科科別都納入「大外科」，當年的住院醫師都要接受一般外科、消化外科、整形外科、骨科、泌尿外科、心臟外科、胸腔外科以及神經外科的訓練。完成住院醫師訓練後再挑選某一專科工作。

在仁愛醫院當住院醫師及總醫師時，有兩位指導醫師讓我印象最深刻，一位是以「快刀」著稱的許光雍醫師，他專精胸腔外科，刀法快速俐落，胃切除手術可以在一個小時完成。跟著他學習，讓我後來面對各種危急情形，都能臨危不亂化解危機。

對外科醫師來說，迅速止血是第一要務，我們外科醫師常常會以「用掉幾塊紗布」來判斷醫術高下，紗布用得愈少就表示病人出血量愈少，存活率就愈高。特別是遇到急診，更需要當機立斷，迅速找到出血點止血，應付各種緊急狀況，分秒必爭，時時刻刻在跟死神拔河。

記得有一次，我在急診值夜班時，突然有個病人彎著身體、雙手抱著胸部，衝進急診室，他的肺部都已經暴露在體外，而且大量出血，一看就是被武士刀砍傷，他一進急診室就休克倒地，不醒人事，從門口到急診室流了滿地鮮血，命懸一刻，我見狀趕緊幫他插管、手術、清洗、止血、縫合，前後花不到半小時，硬是將他從鬼門關前救回。

「外科最高指導原則是『先救命、再救美』」，這是我們外科人常常掛在嘴邊的一句話，當病人面臨生死交關時，外科醫師臨危不亂、當下立判、救急、刀快，「救命」是第一優先。

外科醫師完成「救人一命」的首要任務後，再來才是「救美」，也就是還給病人一個良好面貌，幫病人把那條難看的手術傷疤，想辦法「船過了無痕」，這時候，「密密縫」的美感和技術，考驗一個外科醫師的良莠。

我的另一位「慢刀」指導醫師，是「救美專家」柯賢忠醫師，他的刀法雖不似許光雍醫師那樣講求速度，但柯賢忠醫師的縫合手法非常細膩，不論是體內皮下縫合，還是把肚皮縫得讓病人美美地出院，都是我學習的目標。

仁愛醫院裡高手如雲，除了許、柯兩位醫師之外，還有神經外科劉玩珉醫師、骨科脊椎側彎專家尤耿雄醫師、整形外科許郡安醫師，都教導我許多。

我在仁愛醫院從住院醫師、總醫師到主治醫師，整整待了六年左右，貼身跟著幾位大醫師看病診療，發生過不少趣事。

印象很深刻的一次，我跟著神經外科劉玩珉醫師去查房時，這位腦神經專家，剛幫一位病人開完腦部手術，病人一看到他，二話不說就賞了劉玩珉醫師一個大耳光，由於事出突然，跟診查房的我、一旁的護士們，全都驚呆了，不料，劉玩珉醫師處變不驚，好像沒事一樣，繼續詢問病人狀況。

原來，不是這位病人對劉玩珉醫生有什麼不滿，而是病人剛剛開完刀，病情還在恢復期，沒辦法控制行為，才讓劉玩珉醫師白白挨了一個大巴掌，看劉玩珉醫師不慍不火，依舊對病人和顏悅色，苦民所苦，更讓我學到了醫病關係寶貴的一課。

外科醫師的最怕

翻開中西外科醫學史，可以發現，西方外科醫學向來傲視東方，其中最大的原因在於十九世紀末二十世紀初爆發過兩次世界大戰，近億的傷重士兵需要救治，帶動影響整個外科醫學有了長足發展，隨著麻醉、無菌消毒和抗生素等發明問世，人們就醫不再「直的進去橫的出來」。

成功的外科手術有什麼必要條件？最重要的不外乎止痛、止血、以及預防感染這三件事。

要如何止痛？這就不得不提到麻醉。

兩百年前，當時沒有「麻醉」這玩意，外科醫師動手術，身邊的助手，主要功能是來「按住病人」用的。

那時病患被餵了威士忌之後，就被綁在手術檯上，當醫師的手上的刀一劃下，大部分患者立刻痛醒，眼睜睜看著自己被開腸破肚、切手斷腳，哭天喊地，痛不欲生，外科醫師只得在病患的哀號聲中，迅雷不及掩耳急急忙忙完成手術。

十九世紀之時，手術多半都在患者家裡執行。那時候人們對微生物沒有概念，不知道消毒的重要性，更別說使用抗生素了，尤其那時候根本還沒有麻醉，在「沒消毒、沒麻醉、沒抗生素」三無之下，外科醫師手術動得愈快，病人痛苦才會愈少。

直到一八四六年，美國牙科醫生摩爾頓發現了一個震驚世界的藥物——「乙醚」麻醉劑，之後過了相當一段時間，麻醉技術才愈臻成熟，也讓外科邁向新的境界。在麻醉技術尚未發展成熟時，醫生若能在短時間內完成手術，可有效避免出血及術後感染，這也使得優秀的外科醫師無不以身為「快刀手」自豪。

我很早就立定志向走大外科，唸北醫時特別用心上大體解剖課，在醫院見習實習時，因為手頭拮据，我買不起較貼近人體質感的豬皮來練習手藝，只能克難地拿破布來縫縫補補，不斷練習手感和各式各樣縫法，也因為我的手很巧，當我和太太結婚後，家裡各種縫紉相關手工活，都變成是我的工作。

正因為我對刀法下過功夫苦練，所以我上手術檯，通常開盲腸大概半小時可結束，胃切除手術也可在兩個小時內結束。

控制出血是外科醫師必須下工夫的地方，當年已經有電燒技術，我做手術時，會花較多時間用電刀止血，大量減少病人的出血量，還記得有次膽囊切除手術，我只用了三塊止血紗布，並在半小時左右，就圓滿完成手術。

就算這樣，外科醫師還是有特別怕接到的病人，就是體態豐腴過度的病人，也就是人們口中說的「胖子」。

體型肥胖患者的手術，從劃下去的那一刀，就是難關。試想，病患肚皮這麼厚，腹膜或腸繫膜也總是被黃黃油油的脂肪大軍包圍，光要「直達」病灶區，就會宛如走在迷宮中，不只是下刀要挖得很深，但更大的難關是要戰勝被脂肪層層包圍住或是本身已經變得很脆弱的血管，這些被脂肪大軍埋藏掩護埋藏的血管，就算經驗再豐富的外科醫師，有時也得費一番功夫才能找到要綁的血管，大大增加止血的困難度。

不只如此，被脂肪層層包住的血管，外科醫師必須先把脂肪分離開，才能紮實地把血管綁緊，有時就算綁了兩三次，還是會擔心不保險，但又怕用力過度，造成血管斷裂，總之，還記得每回完成體型肥胖患者的手術，走出開刀房，當天晚上我總會擔心血沒有止住而一夜難眠。

猶記得四、五十年前，外科手術設備粗簡，痲醉技術也不發達，當時主治醫師教我們開刀時，傷口一定要開得很大，皮膚開口夠大，關傷口時肌肉才能一層一層縫得完整仔細，有利於傷患復原。

不過，時代不一樣了，隨著顯微手術當紅，達文西手術、ＡＩ機器人都是外科醫師的大幫手，手術傷口愈小，病人也無需承受太多的疼痛，可以儘早回復正常生活，這樣的醫學進步就是追求人性化的必然。

3

我創立仁康醫院

所謂「成家立業」，我與貴華結婚後，也迎來事業的開創期，正式創立了仁康醫院。

打破仁愛醫院不成文規定

人家常說「看戲的是傻子」，古今中外，愛情電視電影總會有不少戲劇衝突，要不是灰姑娘愛上王子，就是富家女愛上窮小子，這樣的套路被編劇玩得爐火純青，觀眾就偏偏吃這一套。

算起來，我和太太廖貴華也算是「白富美愛上窮小子」童話故事中的其中一對。我們認識的因緣，要從我大學時期說起。

當年我念臺北醫學院時，為了賺取高達兩、三千元的私立醫學院學雜費，到處兼家教，感謝命運之神，安排我到貴華家，擔任她兩個妹妹秀華、麗華的家教老師。

我的岳父廖惠模，年輕時是位高材生，他畢業於臺南高等工業學校（成功大學前身），之後前往日本學習鍋爐製造技術，學成歸國後，在臺北社子開了一家名為「惠大」的鍋爐工廠，專門接兵工廠的生意，經營得有聲有色，在社子一帶頗有威望。

民國五十年代，廖家算是大戶人家，岳父、岳母加上四女一子共七口，住在古色古香、有前庭後院的日式房子，地點大約在現在的雙連捷運站附近。以當年一碗陽春麵兩、三塊錢，基層公務員月薪九百八十五元的水準來看，岳母給我每個月家教費五百元，對當時的窮學生來說，猶如天降甘霖。

貴華不是我的學生，但她總是替岳母準備茶水、水果，送來給我吃，給人感覺「很有禮貌、很賢慧」，我向來偏愛溫柔婉約的女生，當時我對貴華的第一印象非常好。

「這個男人挺認真的」，這是貴華對我的第一印象。確實，我是一個嚴格、認真、負責的家教老師，希望學生在我的指導之下，成績能夠突飛猛進，這樣才不辜負家長的期待，也因為我對學生要求較高，秀華、麗華兩個小女生很尊敬我，也有點怕我。

反倒是貴華，她小我六歲，當年正是青春洋溢活力滿滿的高中美少女，我大學生、她高中生，本來我們共同話題就比較多，貴華不怕我，敢跟我有說有笑，情竇初開的我們，就在眉目傳情之間，愛火慢慢滋生。

貴華不像一般千金大小姐趾高氣昂、不知民間困苦，她的個性溫柔體貼，善解人意，跟我岳母很像。別小看她個兒小小，貴華打扮入時，熱愛舞蹈，個性大方，她念中山護理系時還贏得了一個「摩登 Girl」的美名，我的兩個女兒淑儀、淑如遺傳了貴華的高顏值基因，都是白皙大眼高鼻美女。

話說貴華當年考取位於臺中的中山醫學院護理系，她參加新生訓練時，老師一眼掃過去，指定貴華當班代表，被點名的貴華茫然不解，人生地不熟的她，怎會擔任班代表。有次她問老師原因，老師回答：「因為你一看就是個『摩登Girl』啊」！

貴華說，當時新生訓練，規定要穿高中制服參加，中山女高的制服是白衣黑裙，貴華穿的是白色上衣沒錯，但上面卻綴滿了蕾絲，她下半身穿黑裙，卻是俏皮的背心黑裙，跟所有菜鳥新生都不一樣，特別突出，亮麗外型獲得師長的青睞。

貴華在學校也是風雲人物，她不只打扮時尚，還喜歡跳舞，她選了土風舞這門課外選修，認識不少其他醫牙科系的男生。當時護理系女生都是準醫師們的擇偶對象，聽貴華說，當年她下課，從護理系教室抱著書走出來時，樓梯兩旁總是有一堆醫、牙學系的男生排隊等候。

「兩情若在長久時，又豈在朝朝暮暮」，那時我人在臺北，貴華在臺中，我們遠距離戀愛，靠的是書信傳情，當時我在空總，也有前輩要介紹女兒給我，都被我拒絕了，而貴華也很搶手，身邊總有不少「蒼蠅」飛來飛去。

愛人不在眼前，我是如何贏得美人心？記得貴華說過，她覺得中山醫學院的男生太愛玩，不像我這麼認真、正派，又有責任感，就這樣，我靠著鄉下人純樸、腳踏實地的特質，打敗了一堆排隊苦苦等候的情敵。

我與貴華交往時期的合影。

民國六十一年，我進入仁愛醫院擔任第一年住院醫師（R1），那時仁愛醫院外科有一個「不成文規定」——當完總醫師（CR）才能結婚，但是高齡才生下我的母親，從我念大學時就一直催促我趕快結婚，老是勸我不要念書了，趕快結婚比較重要，並且總是把「最小的孩子還沒結婚，她死不瞑目」這句話掛在嘴邊。

母命難違，在我當住院醫師的第一年（R1），我和貴華就走在時代尖端，我們「奉子成婚」了！幸好我當時開刀技術不錯，在科內人緣也非常好，所以當我硬著頭皮向主任報告婚訊時，他拿我沒辦法，只好批准，我就這樣打破仁愛醫院數十年來沒人敢破的鐵規則，成為仁愛醫院第一個R1新郎倌。

那一夜，難忘的醉婚宴

我和貴華有情人終成眷屬，不只我的母親開心得合不攏嘴，岳父岳母更加歡喜。我從小失怙，結婚等於多了一位「父親」，對我來說意義重大。

說起我的岳父廖惠模，他學問淵博，寫得一手好字，事業有成，見多識廣，交遊廣闊，是我非常景仰尊敬的對象。平時岳父總是一身白西裝黑皮鞋，梳著油頭，俐落乾淨又有型，品味一流，他最大的興趣是跳國標舞，舞技高超，姿態優雅，貴華深得父親遺傳。

岳父從我當家教時期，就非常照顧我，也很敬重醫師這個專業，不過，要當他的乘龍快婿，可沒那麼容易，岳父曾說：「我挑女婿只有一個條件，就是要會喝酒！」幸好岳父沒有開出其他奇怪條件，我很感謝遺傳自母親的好酒量，當年的我，時不時來個岳婿「舉杯談心」，輕鬆贏取岳父大人的信任與好感。

原本我也不知道自己能喝，記得大二那年，柔道隊比賽勇奪冠軍，北醫董事長胡水旺請我們一群人吃飯喝酒，我自己一個人就默默喝了半打啤酒，一點感覺都沒有，那時第一次發現自己酒量不差。

記得當時進仁愛醫院時，我們外科主任考試不是考醫術，是考酒量，有人酒量差，喝一杯就倒，桌上食物還沒吃幾口，就被人用擔架抬出去了。

還有一次，仁愛醫院外科同仁大聚餐，那時我是總醫師，夥同好幾名住院醫師一起吃飯喝酒，吃吃喝喝幾巡過後，多數人喝掛，只剩我和另一名住院醫師還清醒，於是我們兩人打賭，一人喝一瓶紹興，看誰厲害，結果那名住院醫師喝一半不支醉倒，只剩我一人獨撐，最後所有人封我為「酒國英雄」。

一九七三年（民國六十二年）三月二十四日，是我們的結婚紀念日，而我這輩子第一次喝醉酒，就是在婚禮宴客這天。

回想起來，我結婚前後那幾年，臺灣發生了不少歷史上的大事件，其中最嚴重的就是被迫退出聯合國。

一九七一年（民國六十年）十月二十五日，中華民國政府被迫退出聯合國，邦交國產生崩盤性斷交效應，共有二十五個國家先後與我國斷交，三分之一以上邦交國琵琶別抱，投向對岸懷抱，臺灣的處境內外交迫。

禍不單行，值此同時，一九七〇年代爆發兩次石油危機，油價飆升，造成全球經濟混亂與蕭條，導致臺灣經濟衰退。

為了挽救緊縮的經濟情勢，當時行政院長蔣經國，祭出「擴大公共建設」方案來因應，包括中山高速公路、桃園中正國際機場、臺中港、縱貫鐵路電氣化、中鋼煉鋼廠、核能發電、北迴鐵路、蘇澳港、中船造船廠與石油化學工業等重大工程建設，都是一九七三年實施推動，希望透過大型公共建設，把臺灣帶離經濟衰退和失業潮危機。

十大建設果然帶動經濟起飛，我們結婚那一陣子，正是臺灣經濟發展的黃金年代。

那時蔣經國剛就任行政院長，提倡簡約，有感民眾餐飲的鋪張浪費，一九七二年，他指示推動十項革新運動，其中一項就是後來大力宣導提倡「梅花餐」的節約飲食運動。

梅花是五瓣一蕊，所謂「梅花餐」，就是一個宴客餐桌只能擺五菜一湯，湯是「蕊」，放在桌子正中心，菜餚是「瓣」，圍繞中心擺放，排起來就是一個梅花的形象，就是「梅花餐」。

那時梅花餐結合台視、中視、華視老三臺廣告，強力放送宣傳標語「一年可以吃掉一條高速公路」，藉此讓民眾了解飲食有多麼鋪張浪費，由於標語好記又很有感，效果非常好，梅花餐頓時成了全民運動，尤其公務人員更是奉行不悖。

不過，民以食為天，國人請客又特別重視排場，希望賓主盡歡，為了讓客人吃得滿意吃得開心，「梅花餐」漸漸出現「變形」，有的餐廳加大菜色份量，有的餐廳推出「雙梅花餐」、「三梅花餐」，也就是吃完一朵梅花後，再上一朵梅花，分梯上桌。

隨著蔣經國的去世，這道「不符人性」的特殊飲食花樣，在推行幾年後便銷聲匿跡。

我和貴華的婚宴，當然也得配合國家政策，採用梅花餐，岳父交友廣闊，政商名流賓客甚多，我們選在臺北中山堂席開五十桌，我在同學當中算是早婚的，當年我特別請我的好同學王誠擔任伴郎，誰知道這位伴郎是來亂的，不但沒幫我擋酒，還配合其他鬧喜酒的同學，一直催我「乾、乾、乾」，這還不打緊，王成在我的酒杯裡，倒的不是茶，全都是真正的酒精，我連一口菜都還來不及吃下肚，就這樣空腹被拖著到每一桌敬酒，真槍實彈一口接一口灌啊灌的，不醉也難。

就這樣，身為新郎倌的我，在敬了五十桌酒之後，我第一次感受到醉醺醺人茫茫的飄飄然，連婚禮結束後我怎麼回到家的都不記得了，只知道隔天我醒來，人還在車上，停在車庫的車窗沒有關，裡面滿滿都是蚊子，我讓蚊子大軍飽餐了一大頓。

回老家與母親、二伯、三伯、姑姑（王郡母親）及兄長合影。

結婚時，貴華與祖父母（前排）及父母兄長合影。

醫院還沒開張，靠兩位病人打響名號

婚後，我和太太貴華把母親從南部鄉下接上來一起住，我們的家在延平北路五段，是一間由岳父工廠改建而成的一、二樓透天住宅。

白天，我去仁愛醫院上班，母親閒來沒事，她會打開大門口，搬個板凳坐在門前，等著鄰居經過，打聲招呼閒聊幾句也好，這就是我們鄉下人的習慣，大門永遠敞開，跟街頭巷尾左鄰右舍閒話家常，人情味十足。

殊不知臺北是工商社會，這裡的人可不吃這一套，總是匆匆忙忙地走過，貴華和我也會勸母親注意安全，盡量避免門戶洞開，純樸的母親過了好一陣子才慢慢接受臺北人的快節奏步調，似乎也變得有點怕臺北人，有幾次母親最疼愛的長孫康仕仲，吵著拜託阿嬤去買外頭小販叫賣的零嘴點心，母親反而不敢出門。

我知道母親不習慣臺北，但我還是希望就近照顧母親，畢竟母親含辛茹苦撫養我長大，該是我盡孝道的時候了。

只不過，我鎮日在醫院和家裡兩頭奔波忙碌，陪伴母親的時間並不多，幸好兒子仕仲、女兒淑儀陸續出生，母親有了孫子孫女陪伴，生活總算有個寄託。

就這樣過了幾年，我總算從住院醫師，熬到了仁愛醫院外科總醫師一職，只不過，跟我同期的醫師都順利升職成了主治醫師，而我光是總醫師就連續當了兩年，對未來前景不免有些徬徨。

那時正值越戰時期，美軍徵召大量醫師到前線擔任軍醫，導致美國本土大缺醫事人員，因此頻頻向全世界求才，我有好多學長、同學都是在這時期負笈美國，當時的我，也曾猶豫，到底我該出國深造？還是根留臺灣？

那時正是臺灣醫界蓬勃發展時期，開業診所如雨後春筍般冒出，當時像我這樣受過七年醫學院專業訓練的年輕醫師，要不是飛往美國繼續深造，不然就是自行開業，即使是大醫院教授級主治醫師，十之八九也會在外開診所。

我想到兒子女兒剛出生不久，年邁母親也需要照顧，幾經考量，我決定留在臺灣，只是，我該繼續在仁愛醫院往上爬？還是出來開業？

民國六十到七十年代，健保還沒上路，民眾只有公保勞保，其他一切都得自費，生病真的是一件非常奢侈的事情，為什麼？以輸血為例，當年臺灣沒有血庫、血液基金會這樣的機構，那時候需要輸血，都要找職業的賣血者買，也就是俗稱的「血牛」，一CC大約四到六元，一袋五百CC的血，起碼要價兩到三千元，如果是罕見的血液更貴，可能高達五千、八千都有，由此推算，手術開刀動輒收費數萬元、醫院保證金繳個三千、八千的，很合理，以當時基層公教人員的月薪不過三、四千元，臺北市房子一坪不到一萬元的水準來看，一般人真的沒有生病的權利。

正因民眾就醫看病的代價如此昂貴，我認為當開業醫師，反而可以幫助更多貧窮無助的病患，因為收不收病人的錢，可以操之在我。

當時岳父和太太不斷鼓勵我出來開業，當我下定決心之後，創業經商有成的岳父，深知「地點」的重要性，非常熱心協助我們到處尋覓適合開業的院址。

那時我們有考慮過信義路、民生社區這幾個地方，但看來看去總覺得人口不夠多、腹地不夠大，挑到後來，我們最後決定院址落腳在基隆路二段，就在現今的臨江街觀光夜市對面，因為這裡離我仁愛醫院近，可以繼續服務我之前仁愛醫院的老病人，離我的母校臺北醫學院不遠，這一帶我很熟悉，再加上院址前面有通化街，後面有三張犁和六張犁，腹地廣大，的確是個開業的好所在。

有先見之明的岳父，考慮到外科不只需要門診空間，還要有手術室、幾間病房等，一棟四層樓的房子恐怕空間不夠用，岳父豪氣砸下六百萬，直接買下兩棟數百坪四層樓建築物，還幫我們夫婦先付了頭期款。

我萬分感謝岳父的慷慨解囊，但光憑我仁愛醫院區區每個月兩千元薪資，怎樣都負擔不起後續每個月高達十幾萬天文數字的樓房貸款，我只好一人兼兩份工，白天在仁愛醫院當住院醫師、晚上在基隆路尚未正式開業的自宅診所「康醫師宅」看診。

一九七六年（民國六十五年），我在基隆路二段診所大樓掛上「康醫師宅」

招牌，一樓當門診，二樓、三樓是開刀房和病房，四樓則是我們的住家，醫院和住家同一棟，是當時許多開業醫的標準配備。

就這樣在仁愛醫院、康醫師宅兩地奔波了快一年，直到一九七七年（民國六十六年）十月十日，我選了這個「雙十」好日子，「仁康外科醫院」正式開業。

說起醫院名字怎麼來的？這名字可是去萬華請一位知名算命大師算的，那位算命老師說，因為我是「『仁』愛醫院的『康』醫師」，所以取名「仁康外科醫院」，好記好叫又好聽。

「醫院就是我的遊樂場」，長子仕仲常常這麼說。開業初期，哥哥仕仲、妹妹淑儀都還是國小、幼稚園孩子，老么淑如還是個襁褓中的小娃兒，那時哥

民國 89 年，台北仁康醫院坐落臺北市基隆路二段 131-24 號，當年的樣貌。

哥妹妹兩人鎮日在病歷室、藥局、診間跑來跑去，對兩個小朋友來說，醫院比公園、夜市還好玩。

這兩個孩子有時會到病歷室，把病歷表按照姓名、筆劃，一份一份排得整整齊齊，有時他們會待在藥局，一邊磨藥一邊包藥。

到了醫院發薪日，哥哥仕仲、妹妹淑儀看著太太貴華和會計，從銀行扛回一大布袋白花花鈔票，在小房間裡神情嚴肅，一張一張數鈔票，包進薪水袋，再請醫護員工輪流進門，貴華依次把「薪水袋」給員工，這些阿姨叔叔領薪水時流露的開心喜悅，也感染到兩個孩子。

那時期，因為診所還沒有電梯的設備，所以不管是急診病人進來，要送到二樓開刀房，還是開完刀的病人，要轉到三樓病房，通通是要用抬的，所以我當時應徵的助理，通通都是男的，不然應付不了如此吃重的工作。

不知道是醫院地點選得好？名字取得好？還是開業日期選得好？總之，當年一開業病人就絡繹不絕，我和太太貴華都嚇了一跳，推測原因可能是發生在「康醫師宅」時期的兩名急症病例有關。

記得那時我在仁愛醫院當總醫師，有一天，我正在醫院收拾東西準備下班時，突然接到一通太太從家裡打來的電話，話筒那頭的貴華，講話語無倫次，又急又慌，她說診所剛剛送來一名孕婦，情況緊急，量不到血壓，昏迷不醒，不知道怎

1 台北仁康醫院旺年會頒獎給績優員工（康仕佳）
2 我頒發禮金（二哥、二嫂）

麼辦，我一聽驚覺不妙，當機立斷，要貴華馬上安排診所助理幫病患先打點滴，並同步準備手術室，等我一到診所立刻動刀，另一方面，我在仁愛醫院緊急調集多包血袋，帶著仁愛醫院麻醉醫師，跟我一起十萬火急衝回診所。

只見手術臺上這名孕婦臉色死白，幾呈休克，情況非常不樂觀，當我手上的刀一劃開，她整個腹腔滿滿都是血，一看就是「子宮外孕」，胚胎組織破裂導致孕婦大量內出血，這是相當危急的產科急症，孕婦命在旦夕，我鎮定心神，一邊找出血點，一邊止血、輸血，接著緊急縫合，最後總算從死神那裡搶回孕婦的一條命，這位病患在病房休養多日，大病初癒後，繼續在診所對面的通化街賣菜。

後來貴華跟我說，很多同事都肯定我當時在電話那頭，就能預判病況、提前因應，執刀時鎮定沉著，不慌不亂。大家一致認為，如果當時緊急將孕婦轉送到仁愛醫院，可能就來不及救活她了，畢竟子宮外孕急症真的是分秒必爭，刻不容緩。

有趣的是，這位女病患常常跟買菜的客人說，她很感恩我、我是她的救命恩人等，一傳十十傳百，整條通化街坊人盡皆知，仁康外科醫院康醫師神醫妙手，醫術一流。

另一個故事，發生在一對住在通化街的詹氏兄弟身上。這兩兄弟家裡開水電行，兩人從事高壓電維修工，有一次他們在維修時發生意外，兩人遭到高壓電電擊，緊急送往仁愛醫院，由我負責救治，當時哥哥雙手前臂受傷太過嚴重，不得不截肢，只留兩個上肢，並且植皮植了好幾次，整整住院住了半年，才慢慢康復。

失去雙手前臂的詹大哥，幾年後在通化街開了一家彩券行，還結婚生子，而他的爸爸詹金水，後來還當上了里長，他們一家人非常感謝我當年悉心診治照護，得知我在基隆路開設仁康外科醫院，詹家人非常高興，每次仁康外科醫院辦社區活動時，詹金水里長總是熱心協助參與，也常常跟朋友推薦仁康外科醫院。

拜這兩位「活招牌」所賜，讓仁康外科醫院在還沒正式開業前，就已經在基隆路打響了名號。而我也非常感謝這些病患們的支持，仁康外科醫院才能在基隆路屹立不搖四十年之久。

那些年我和死神搏鬥的日子

一九七七年（民國六十六年），我在臺北市基隆路開設仁康外科醫院，醫術遠近馳名，很快成為北部知名醫院，巧的是，母校臺北醫學院籌備多年的附設醫院，比我早一年創立，從此我的學弟妹們不必像我們早年求學那樣，像寄居蟹一樣到處去各醫院蝸居實習，我很開心，仁康外科醫院和北醫附設醫院能夠共同守護信義區居民的健康。

民國六十六年到一〇六年，仁康外科醫院在基隆路服務，整整四十年，從最早設立時醫院有十多床，到最高紀錄院內曾經設置高達九十五床，算是信義區知名度、口碑俱佳的地區醫院，更是社區的好鄰居。

仁康外科醫院的大招牌上，清楚寫著：「主治：一般外科、骨科、內兒科、婦科、皮膚科、泌尿科」，也許有人心裡可能會嘀咕：「哪有醫師這麼神通廣大，大小病全包」，但早期我們這些受「大外科」訓練有素的醫師，就是「通才」，什麼病都要看，當然，我也有自信不論病人因為什麼疼痛來醫院，我幾乎都有辦法處理。

我的父親就是胃潰瘍大出血而撒手歸天，我本身花最多時間鑽研腸胃消化道手術，我的次專科就是消化外科。從我多年來的臨床經驗發現，早年許多胃穿孔、胃潰瘍、十二指腸潰爛的急症病患，有不少都是吃香灰、喝符水導致的。

民國 66 年 9 月 29 日，仁康外科醫院設立。

在那個醫療資源貧乏、看病昂貴的年代，民眾非不得已絕對不會去醫院，有個小病小痛，不是吞吞成藥，就是求神拜廟，喝符水吃香灰保平安。

早年，醫藥界尚未發現胃潰瘍最大的元凶，就是幽門螺旋桿菌作祟。

幽門螺旋桿菌生長在胃部與十二指腸的地方，在還沒有藥物能控制它之前，幽門螺旋桿菌會引發胃部慢性發炎，嚴重者還可能導致食道出血、十二指腸潰瘍、胃穿孔、腸穿孔、胃癌等急重症疾病，許多病人就這樣被奪走性命，在還沒有發明治療幽門螺旋桿菌藥物之前，開腸剖肚幾乎是我的日常，病患因腹膜炎需要緊急開刀救命，更是屢見不鮮。

在發現幽門螺旋桿菌前，醫界普遍認為胃酸無法有細菌存活得了，判斷胃癌、胃潰瘍多半是因為壓力或辛辣刺激食物所引起，所以早期我們都是開制酸劑的藥物，來對付腸胃消化道疾病。過去消化系醫學界流傳「一日潰瘍、終生潰瘍」的說法，直到一九八二年澳洲的馬歇爾（Barry J. Marshall）與華倫（Robin Warren）兩位醫師發現幽門螺旋桿菌這個重要的致病菌後，此說法已經破除了，後來的研究也發現，使用抗生素可有效除菌，進而避免潰瘍和胃部癌前病變的發生。

在臺灣，胃癌在十大癌症死因排行節節下降，從早年高居第三名到現在是第七名，這與根除幽門螺旋桿菌有著密切的關係。

隨著幽門螺旋桿菌逐漸被消滅，消化外科相關手術病患銳減，我也慢慢把重

參加國際消化醫學會與仁愛醫院陳德全主任及劉茂和前輩（右一）合影。

骨科專家們合照。左二、三為臺大劉堂桂教授夫婦、左四為臺大韓毅雄教授、左五為榮總骨科吳濬哲主任、左六為我本人。

心轉向骨科，開業時期，我每星期去長庚醫院，向我的好朋友、同時也是手術臨床實務老師施俊雄醫師和陳文哲醫師，學習膝關節、髖關節及脊椎等最新手術治療方式。

當時醫院收治不少車禍外傷、刀傷意外等急診病人。記得曾有一位車禍病患，送到院時已經昏迷不醒，他是一名摩托車騎士，幸好頭骨沒有損傷骨折破裂，但病人已有嚴重的呼吸障礙，經過緊急氣切以及相關急救後，病患的生命跡象總算穩定下來，情況不妙的是，他一直昏迷不醒，不只家屬如熱鍋上的螞蟻，我也掛念放心不下，天天去病床探視，日日盼望他早點清醒。

通常遇到這種狀況，大部分家屬都會把病患轉送到大醫院，不過當時這名病患的家境不好，負擔不起大醫院的費用，而且家屬覺得在我們醫院，有我這個院長二十四小時全天候隨時待命，讓他們更放心。

這位病患時好時壞、昏昏沉沉了一個半月左右，最後竟然奇蹟般地轉醒過來，真的是阿彌陀佛，老天爺顯靈。

根據我多年外科醫師經驗，手術過程固然重要，但術後的照顧尤其不能輕忽，特別是術後二十四小時的關鍵期，必須仔細觀察病患是否有併發症？是否已縫合止血的地方再次出血？麻醉藥效過後，是否有腸蠕動障礙的情形？這些林林總總狀況都要小心注意，一旦發現問題要立刻處理，稍有延誤，不但會造成後續處理困難度及危險性，病人可能因此喪命，當時我的醫院，八成以上住院病人都是開刀患者，所以我總是二十四小時全年無休，在醫院待命。

二十四小時待命的結果，不只太太貴華陪著我辛苦，小孩們也是。那時仁康外科醫院的病患很多，我每天埋首診間、手術室、病房，分身乏術，醫院人手不夠，太太貴華要管財務，又要兼做助手，三個孩子只能託我的母親還有大姐幫忙帶，還記得當年我們一家五口最常做的共同娛樂，就是看午夜場電影，因為我早中晚都要忙著看診、開刀，唯一能抽出時間陪老婆孩子，就只有午夜場電影那短短兩個小時。

小女兒淑如說，她最懷念我們全家看午夜場電影的時光，以前她不懂媽媽貴華為何總是吃完爆米花後就呼呼大睡，完全不知道電影演啥，直到長大後淑如才懂，媽媽貴華不是因為電影無聊難看所以夢周公去了，而是因為一整天工作太忙太累，體力不支才睡著。

大兒子仕仲也說，有次全家歡天喜地要去看電影，明明車子已經開到電影院門口了，卻因為臨時接到醫院通知，有一個急診病患必須馬上處理，我們只好驅車返回醫院，我先下車去動手術，留老婆、小孩在車上等我，結果大家癡癡枯等了我整整兩個小時，最後雖然我們還是去看了電影，但這樣「沒品質」的醫師生活，在仕仲小小的心裡埋下了「拒當醫師」的種子。

這就是身為白袍醫師的宿命，過程也許辛苦，但背後卻有更多看不到的使命感和成就感，支撐著我。每回我奮力跟死神拔河，把病人從鬼門關救回來，看到病患死而復生，家屬從心灰意冷到喜極而泣，聽到病人與家屬的連聲感謝，那種快樂與滿足，無法用言語形容。

記得有一次，我和貴華受邀前去新店一家土雞城用餐，我們正在二樓用餐時，突然聽到外面異常吵雜，只見餐廳楊老闆慌慌張張尋找兒子，原來他尚年幼的兒子為了撿拖鞋，掉進了庭院裡的大水池，大家左呼右叫遍尋不著他，急得像熱鍋上的螞蟻，後來有人看到小男孩從水面上浮起來，趕緊將他撈上來，我見狀馬上衝到小男孩的身邊，將他小小的身軀頭下腳上顛倒過來，讓肺部的水盡量吐出來，並緊急進行CPR，總算讓他恢復了脈搏。不過這孩子情況危急，得緊急送醫急救不可，當時叫不到救護車，楊老闆親自開車，緊急送往最近的耕莘醫院，我隨車一直進行急救，到了醫院，從X光片看到這孩子整個肺部滿滿都是水，所幸當時急救得當，否則這孩子可能沒機會長大了。

過了一個星期，這小男孩總算退燒，慢慢脫離險境，休養過後，繼續活蹦亂跳，楊老闆夫婦非常感謝我，說我救了他兒子一命，懇請我務必當他兒子的義父，盛情難卻，我就這樣多了一個義子。

開業時期，也有很多雲林的老鄉，會特地上臺北來找我開刀，我一直很感念

仁康網球隊得獎照片（中間為北醫大李成教授、右一為結拜的順天堂董事長謝德夫）。

仁愛醫院隊參加中華民國外科醫學會網球錦標賽得獎（我在左二）。

陪我長大的那片土地，所以對於雲林人總是會特別照顧，收費上也一定會打折或減免。

記得有一次，有一位同鄉的病人為了感謝我，特地抓了一隻活蹦亂跳的大肥雞，從雲林一路提到臺北送給我，太太貴華從小到大沒殺過雞，直說她不敢殺，我拍拍胸脯說：「我是外科醫師，動刀的事情，我來」，結果一陣手忙腳亂，這隻雞依然頑強故我，生龍活虎，最後不得已我只好使出殺手鐧，直接讓這隻雞「被麻醉」，當晚全家桌上多了一盤香噴噴油亮亮的雞肉大餐，吃在嘴裡樂在心裡。

第一桶金重建崙背老宅與京兆堂

「月是故鄉明，人是故鄉親」，打從我高中開始，離鄉北漂，在臺北求學、成家立業，定居臺北超過半世紀，在我的內心，堅信「飲水思源」這個道理，人不能忘本，雲林崙背這塊土地孕育我成長，這兒的泥土很芬芳，人情味濃厚，正所謂「美不美家鄉水，親不親故鄉人」。

我喜歡鄉下，治安好，人敦厚，家家戶戶往來密切，左鄰右舍互助互信，鄉下人平常沒有在關門鎖門的，而老一輩的人習慣稱自行車為「孔明車」，大家都停放在家裡庭院，不用上鎖，沒人會牽走，鄰居的摩托車喊一聲「借騎一下」就可以騎走了，人們互相信任，不會猜忌，我就是喜歡這樣的故鄉。

故鄉崙背中厝村竹管厝三合院，在我一九七二年（民國六十一年）結婚那年，我曾經帶著新娘子貴華回老家請客，那時的老家都沒變，還是像十幾年前我讀國小時一樣，破破舊舊的竹管厝。兩三年後，本來住在老家務農的二哥三哥也北上發展了，竹管厝老宅因而荒廢，年久失修，乏人問津，最後成了堂兄蓄養羊隻的「羊居」。

隨著仁康外科醫院蓬勃發展，在我創業十年後，一九八七年（民國七十六年）

的夏天，我用我不眠不休賺得的「第一桶金」，將老宅翻修改建，由大哥和二哥負責籌畫設計，從事建築業的三哥親自監造，前前後後大概花了一千多萬元。

隔年一九八八年（民國七十七年）的春天，原本那間殘破不堪、羊群亂逛、羊騷味沖天的三合院老宅，終於改頭換面，以宏偉高大的三層樓建築新樣貌，全新示人。

更棒的是，新家三樓特別設立康氏祠堂，堂上高高掛著「京兆堂記序」的大匾額和族譜，康氏家族史由大哥親自撰稿，延請專家篆刻，短短六百字蒼勁有力的楷書，描述曾祖父、爺爺如何起家、父親如何務農維生，到我們這一輩如何發展，通篇詳盡簡單，一讀就懂，樹枝狀的族譜，家族哪一代哪一戶，更是一目瞭然。

而新家老宅大廳的沙發，也有一段故事。這座沙發是仁康外科醫院開業那年，我們從社子搬到基隆路時，三哥特地挑選送給我們的誌喜賀禮，貴華一直很珍惜這座沙發，後來老宅建成後，貴華特地將沙發換了新皮，由臺北搬到老宅來，讓沙發物盡其用，繼續延續我們康家珍貴兄弟情。

每逢農曆大年初三，分散國內各地的家族手足、兒孫，都會返鄉團圓，我總會在老宅大院，席開十幾桌，邀請雲林當地鄉親、鄉鎮長、縣府部長等，歡欣鼓舞迎接新年來臨，現場總是熱鬧滾滾、喜氣洋洋，鄉親們酒足飯飽，幸福滿滿。

這個愛鄉愛土儀式，二十年來從未間斷，除了聯繫鄉親們的感情，重溫故鄉的人情味，再來也是表達我對這片土地的感謝，期許後代子孫莫忘本。

每次我返鄉，鄰居身體有什麼疑難雜症，總會找我幫忙診療一下，記得有一次，哥哥有個結拜兄弟，他的兒子小名「阿牛」，年紀大約是當兵退伍後不久，那時阿牛的腳不能動，已經躺在床上好幾個月，造成腿部肌肉嚴重萎縮，曾去彰化就醫，但當地醫師表示阿牛無法治療，恐怕終身要與拐杖為伍，阿牛家人拜託我檢查看看還有沒有得救，我判斷阿牛應該是脊椎出了問題，但當地沒有儀器可做進一步檢查，於是我請阿牛上臺北檢查治療，後來果然證實阿牛雙腿不能行是因為脊椎問題造成的，經過開刀治療後，阿牛終於恢復健康，行走自如。

拜阿牛所賜，我的名聲傳遍崙背家鄉，許多鄰居、當地鄉親都來找我看病，曾經一度我很想在老宅準備一間診療室和候診室，但太太貴華勸我不要這麼勞累，只好作罷。

在我老家中厝的入口處還有一個天師府，它本來是三叔家的魚池，一九八八年在老宅翻新重建完成的那一年，三叔將地捐了出來，由許多村民與虔誠信士共同籌劃，民國七十七年舉行建廟奠基大典，經過四百五十九天興建，於民國七十九年正月十二日吉辰剪綵、啟鑰、恭請天師安座而成，自此香火鼎盛。

我覺得一個村莊有一個信仰中心，會比較和諧，人在做，天在看，有神明的看顧，似乎人們也會變得敦厚老實起來。

有一年我回鄉祭祖，發現天師府金爐因年久失修，龜裂陳舊不堪使用，於是我拋磚引玉，號召鄉民們一起捐款，共收到上百萬元善款，重建金爐，當時我們特別商請雲林專門做金爐的知名專家，建造一個防熱、環保的新式金爐，二〇〇七年（民國九十六年）順利完成，五月二十二日當天舉行盛大熱鬧的安座儀式，讓這全村鄉民感情寄託的天師府，能繼續庇佑這塊土地。

上圖、左圖：我重修康家的三合院老宅，新家三樓更特別設立康氏祠堂。每逢農曆過年，分散各地的親族都會回鄉團聚。

右圖上：每年春節，我都在雲林崙背中厝與鄉親同歡。

右圖下：我也擔任臺灣康氏宗親總會創會理事長。

印象深刻的一件醫療糾紛

我在仁康外科醫院的全盛時期，每天看診人數高達一、兩百人，每個月進行的手術更是多到數不清。外科手術有固定的風險，多數的手術併發症都發生在手術過後，對我來說，「術中仔細半小時，勝過術後半個月」，小心駛得萬年船。

根據醫學研究顯示，即使是最安全的手術也有風險。醫師再怎麼專業、再怎麼小心，也無法讓手術或麻醉風險值降為零，畢竟只要動刀或是麻醉，都有可能帶來大大小小的併發症，只是發生機率高或低罷了。

許多老師和前輩常常跟我們分享，一名外科醫師經驗的累積，與患者併發症息息相關，一位外科醫師若是沒有遇過併發症，就不能算是成熟的外科醫師，而併發症卻又是大家最不樂意見到的。

併發症不等於錯誤，除非外科醫師在手術中採取了不正確的行動，才能算是醫療過失，例如曾經有醫師把紗布或是開刀器械遺忘在患者體內，這是非常少見但很嚴重的醫療疏失。

假如外科醫師按照手術規章進行，但最後患者身體仍然出問題，就會被稱為併發症。

舉腹部手術為例，很多病患開完刀後，大多會發生沾黏問題。手術後沾黏問題如果不好好解決，容易讓病患產生腹部疼痛、脹氣、噁心、嘔吐、便秘，更嚴重者會導致腸壞死或不孕，這些術後併發症說大不大、說小不小，對病患和醫師來說都是一大挑戰。

特別一提的是，併發症跟副作用也不同，併發症通常是複雜的、意料之外的情況，但副作用比較能夠被預期，例如手術常見的副作用包括疼痛、高燒、噁心、倦怠或是心理上的壓力等。

一般說來，手術的併發症和外科醫師的技巧、手術的重大程度、使用的手術方式、患者手術前／中／後期受到的照顧、巧合或是壞運氣，以及患者本身體質等因素都有關係。

併發症發生比例的高低，影響因素很多，其中最大的影響因子是病人本身的身體狀況，例如年齡、胖瘦、本身營養等，有研究顯示，年齡七十歲以上的患者，術後併發症的發生率可能就比七十歲以下的患者高出百分之十五左右，因為老年人的臟器老化，修復能力差、耐受性減退等，加上老年人常常合併心肺等疾病，更加高了術後併發症的發生率。

此外，高風險共生病症如糖尿病、高血壓或是氣喘患者，也較容易產生術後併發症。

根據統計，臺灣超過八成的醫療糾紛源自於醫病關係不佳與溝通不良。早年，醫界不太重視術前的手術風險說明，但我當時就很在乎這一點，術前說明一定要清楚，讓患者及家屬都很了解這個手術的風險，以及手術後可能發生的併發症，加上我總是秉持著「術中仔細半小時，勝過術後半個月」，所以在肚皮關起來前，我總是徹底檢查紗布、開刀器械等數量有沒有少，因此，行醫數十年以來，還沒有碰過開完刀後馬上歸天的病人。

不過，就算我怎樣小心再小心，在仁康外科醫院開業的前二十年，難免碰到一、兩例醫療糾紛，那時仰賴仁康醫院法律顧問李勝隆律師的協助，幫忙解決這些醫療糾紛。

其中有一個案例我印象非常深刻，有一位因呼吸衰竭問題緊急入院的病人，該患者合併有非常嚴重的骨質疏鬆症，當我開完刀後，該病患由二樓手術室移置到三樓病房休養時，那時仁康外科醫院還沒有裝設電梯，上下樓層需靠人力搬運，也許助理們在搬動中不夠謹慎，導致病人發生脆弱性骨折，後來轉診至北醫再動第二次刀，但因病人身體狀況本來就差，開刀固定後預後依然不好，後來又再次發生了骨折。

臨床上遇到本身體況不佳的病人，我在動刀時承擔不少壓力與風險，當時既然知道病人有合併骨鬆的問題，在搬動時應該更加小心謹慎，我們醫院護理人員在術後搬運上不夠謹慎，的確是醫院的疏失，最後我們和病人達成了和解，由保險公司進行合理的賠償。

後來，因為醫學上手術方法、麻醉技術的進步，預防性抗生素的使用，以及術後採用腹膜外負壓引流等措施的改進，到了仁康外科醫院後期，我們幾乎不曾再發生任何醫療糾紛。

膽戰心驚的虎口餘生記

民國七十六年，仁康外科醫院開業滿十歲，這一年，蔣經國總統宣佈解嚴，臺灣正式告別實施長達三十八年之久的戒嚴時期，那是臺灣經濟起飛的年代，同時也是社會動盪不安，黑槍、走私、強盜、搶劫、作姦犯科屢見不鮮，有錢有能力者紛紛移民，避走他鄉，臺灣史上治安最敗壞的一段黑暗期。

當時臺灣因解嚴在政治民主化方面有明顯進步，但也因股票、房地產的飆漲，使得貧富差距加大，很多人因而鋌而走險，黑槍氾濫、治安惡化，民主選舉遭暴力介入等醜聞層出不窮，候選人成為槍靶更是常見的事。

記得當時民間甚至還流傳「高雄到了！高雄到了！要下車的旅客請不要忘了穿好你的防彈衣」的笑話，治安之混亂可見一斑。

那時我們醫院附近的三張犁、六張犁，都有幫派盤據，三不五時就有幫派份子一言不合，雙方武士刀拿起來殺來砍去，夜色愈晚愈熱鬧，尤其是半夜十二點以後，我們醫院的急診室常常人聲鼎沸、熱鬧滾滾。

印象很深刻的是，有時候我們正在為受害者緊急進行止血、縫合手術，沒想到手術才剛進行到一半，火拼的敵人竟然一邊喊殺，一邊用力揮舞武士刀闖進醫院，嚇得櫃檯負責掛號的護士趕緊躲進地下室避禍，我們 X 光室的門常常被砍得亂七八糟、血跡斑斑，令人觸目驚心。

當年我們這些開業醫師，膽子要夠大，黑白兩道都要有交情，否則生意都做不了。

我很幸運，跟我從小一起長大、一起柔道升段的表哥王郡，當時在警界小有名氣，王郡一路從刑事警察局局長、高雄市警察局長，當到警政署副署長，那時我只要遭到黑道恐嚇，到派出所報案時，我報上表哥王郡的大名，多少會得到關照。

當年，醫院白天時人潮眾多，歹徒通常都是利用晚上十點門診休息後才會有動作，記得有一次我們再度接到黑道恐嚇電話，那時距離我們醫院最近的派出所所長，自告奮勇，拍胸脯說從當晚起，由他來坐鎮院長室，假扮院長，跟歹徒談判。果然，過了一個禮拜後，歹徒再度來電，這名派出所所長和歹徒談好勒索金額、交接地點等細節，聽說沒過多久，歹徒就落網了，我們這才放下心中一塊大石頭，深深感謝值得信賴的人民保姆。

除了警界人士，我和消防隊也維持良好關係，主要是因為消防隊常常會送緊急病患來醫院，久而久之，醫消關係友好，互相幫助。

記得有一次，消防隊三更半夜送急診病患來醫院，緊急處理完之後，消防隊員熱情邀請我去消防局吃宵夜，順便互相認識，結果當晚下酒菜我一口都還沒有吃到，就被熱情滿滿的消防弟兄們，輪番上陣，用紹興酒給灌醉了，最後是大夥兒用消防車送我回醫院，請醫院護士幫我打點滴醒酒。

當時的消防隊成員，有黑有白，很多黑道出身的人也會去考消防隊或是當義消，記得那時候，六張犁消防隊的義消隊長、人稱「阿老」，就是一名道上大哥，每次如果有小弟又來我們醫院鬧事，我只需知會「阿老」一聲，他就會交代下去，久而久之大家慢慢就知道「不能到仁康外科醫院惹事」，後來醫院就再也沒有小弟敢來惹事生非了。

在那個治安敗壞、社會亂紀，企業主時不時遇劫遭搶甚至不幸滅門的黑暗年代，儘管我們已經盡量防範再防範、小心再小心了，但某天夜裡，幾名蒙面惡煞還是無預警地闖入我家。

趁著夜黑風高，幾名歹徒偷偷摸摸，從醫院頂樓悄悄侵入，一聲不響來到我和太太貴華的臥房。最不妙的是，那晚我結束門診後，和朋友去醫院對面的海產店大啖宵夜，酒足飯飽，有點醉醺醺時才回家，上床也睡得特別沉，等到我驚覺危險時，我和貴華早已被歹徒用刀制伏，緊緊綑綁，那年大兒子仕仲剛好離家去臺南成功大學念大一，但我們兩個妙齡女兒淑儀、淑如正在另一個房間睡覺，歹徒有兩、三名，喝令我們不得作聲，聽起來不懷好意，偏偏我全身動彈不得，心裡頭又焦又急。

歹徒把我們雙手綁在身後，命令我們夫婦趴躺在床上，不斷逼問我們把錢和值錢的物品交出來，我仗著自己是一家之主、是柔道黑道高手、必須奮勇挺身保護家人，我大聲嗆聲歹徒，要他們不准傷害我們否則後果難看云云，當時手無寸鐵、受制於人，只會挺口舌之快的我，反而遭來歹徒一陣拳打腳踢。

一旁的貴華不停柔聲勸我忍耐、不要說話，不然不只被毒打，很可能連性命都不保。

平常看似柔弱的貴華，一邊要我忍耐，一邊態度冷靜，開始跟惡賊講理談判。這時我不禁佩服女人「為母則強」、潛藏在身體深處的勇敢和智慧，貴華臨危不亂、處變不驚，讓我大為折服。

貴華告訴歹徒，家裡的錢都是她在管，保險櫃也只有她會開，她請歹徒幫她鬆綁，只要歹徒保證我們全家安全，她會把所有值錢的東西全部交出來。

那時仁康外科醫院每天看診的現金收入，大概有十幾萬元左右，貴華負責管理財務，錢有時放在抽屜，有時放在保險櫃，歹徒偷襲那天正好是星期一，藥廠等多家廠商剛好都來申請帳款，保險櫃裡的現金，白天都被藥廠領走了，沒剩多少，但因為那一陣子臺灣治安太差，貴華有在考慮帶孩子們移民，保險櫃裡剛好有為了移民而準備的三百萬現金，這一大筆現金，正是我們的「救命錢」。

貴華走向保險櫃，解開密碼，把三百萬現金全部拿出來交給歹徒，連同裡面一堆總價值約三百萬的珠寶、首飾，也二話不說，一併交出，沒想到，歹徒拿了這麼多還是不滿意，繼續逼問：「你們這樣的家庭怎麼可能只有這些？」

只聽到貴華口氣冷冷回話：「有些金條，放在銀行的保險庫，我老公是白手起家從鄉下上來臺北打拚的，還要幫忙照顧眾多兄弟姊妹，家裡值錢的東西都已經給你們了，如果你們還不滿意，那我們只剩這間房子了，不然房子也給你們拿去吧」，說完，貴華就自己趴回床上，不再理會歹徒們的叫囂。

我永遠不會忘記，接著歹徒冷冷地吐出我們夫婦心內最大的懼怕：「明天你們拿銀行保險箱來換女兒！」我整個心都涼了，我們夫婦趴在床上苦苦乞求歹徒，但過了半响，發現身後再也沒有任何動靜，這才發現歹徒早已離開了，我們兩個趕緊起身報警。

警察聽了我們的描述，直說：「你們沒被滅門，算運氣好！」貴華聽到警察這樣一說，原本勉強鎮靜、神經緊繃的她，嚇到雙腿發軟，全身無力昏倒。

隔天早上，貴華打起精神，照慣例送兩個女兒上學，但畢竟受了太大的驚嚇，後來她整整打了一個星期的點滴，身體才慢慢回復。

最不可思議的是，經歷過虎口餘生的驚魂夜，我們交給歹徒所有值錢物品，竟然「失而復得」。

有一天，貴華興沖沖拿晚報給我看，新聞報導寫著警方剛剛破獲一件強盜搶劫案，上面有贓物的照片，貴華說看起來很像是那一夜被歹徒搶走的珠寶首飾，我一聽覺得不可能這麼巧，還取笑她說：「你不要再想那些東西了，你看你想到都產生幻覺了！」

誰知道，偏偏就是這麼巧，這些贓物確實就是那晚被搶走的高級珠寶。何以見得？這都得感謝貴華一直以來堅持的一個「寵愛自己」的習慣。

貴華個性溫順，是一個遵守三從四德、「以夫為天」的傳統婦女，我們結縭將滿五十年，夫妻相處，難免有些摩擦，每次雙方不愉快，貴華總是順著我，不會當面和我起衝突，但是她的內心難免有情緒，為了消除不愉快的心情，她會請一位製作首飾的專家，幫她特製一套珠寶，只要她愈生氣，這套特製珠寶就愈大顆、愈高價，愈能療癒平撫自己，而且，她每次都會把首飾作品拍照留念，當作紀錄。

正因為貴華有這個習慣，當時我們拿著這些珠寶首飾照片到警局報案，找回了那一大包價值三百萬的珠寶、一個城中扶輪社送我的黃金徽章，還有我之前一直戴在手上的那支勞力士名錶。

後來我細細回想整個洗劫過程，愈想愈不對，不禁懷疑那幾名歹徒有可能是我的病人。

還記得當時闖入時，歹徒除了要求我們開保險箱之外，劈頭就問：「你白天看診時戴的勞力士呢？」如果不是我的病人、沒見過我，怎麼會知道我戴勞力士錶？

雖然名錶、黃金徽章、珠寶首飾等價值不斐的精品失而復得，但我總覺得「此物不祥」，從此我再也不戴勞力士手錶，改戴就算在公廁洗手忘在洗手臺、也無人覬覦的手錶，此次劫後餘生，讓我學會低調行事。

至於被歹徒搜刮走的三百萬現金，我和貴華商量之後，決定不領回，直接全部捐給警方，當成警方辛苦辦案的謝禮。

既然發生了這一件驚心膽顫的劫難，為何我們還是沒有移民？一來，我們對警政單位有信心，相信臺灣治安一定會好轉，二來貴華曾經帶孩子們到美國轉一圈，一邊旅遊一邊體驗國外生活，結果孩子們和貴華還是喜歡臺灣的生活。

想想這樣也好，如果我們移民到國外，我能不能再取得醫師執照都還很難說，我不想放棄醫師這個天職，希望根留臺灣，盡一己之力，幫助更多病患揮別病痛，重拾健康。

我是臺灣人，我愛臺灣，當大兒子仕仲在美國完成博士學位後，我鼓勵建議他：「如果你覺得你是一個人才，希望你能回國，將你的所學及才能貢獻給國家，貢獻給這片土地」，最後仕仲載譽歸國，選擇在故鄉貢獻所長。

上圖：民國八十六年我（前排左一）擔任延平中學家長會榮譽會長，參加贈車典禮。
下圖：李登輝總統、宋楚瑜省長蒞臨「醫師聯誼座談會」與醫師群合影（民國八十年十二月十一日，我位於後排右一）。

4

家人的支持成就了我

家人無私的支持，是我前進的最大動力。

我有一個「太滿足」太太

我常覺得自己很幸福，鶴髮松姿如我，老本、老友、老伴這「三老」，我通通都有，像我這樣老派的人，很少把心裡的話說出口，對於「老伴」貴華，我滿懷感恩。一九七三年（民國六十二年）三月二十四日，我和貴華，正式成為結髮夫妻，開始譜寫我們一萬七千個相知相守的生命樂章。

太太貴華二十二歲桃李年華嫁做人婦，婚前她是千金小姐，婚後擔起醫師娘重責，協助處理醫院大大小小事務，對內照顧所有員工，對外協調廠商、管理醫院帳務等，當院內人手不足時，她還得協助醫務，幫忙量血壓、安撫病人等，繁忙程度不亞於我這個院長。

我還記得小女兒淑如在媽媽肚子裡，正好是醫院創業維艱、事多繁重之際，貴華顧不得自己身懷六甲，大腹便便照樣捲起袖子，搬笨重的醫材或點滴，沒有半句怨言，待淑如出生後，這小女娃身子骨底子不好，時不時口吐白沫，氣喘問題嚴重，那時我有些自責，懊悔讓貴華操勞過度，疏於養胎，幸好淑如長大後加入田徑校隊，氣喘毛病才獲得改善。

我是標準的 O 型男人，個性大而化之，直來直往，不懂轉彎，就連匪徒宵小殺氣騰騰入屋侵犯，我照樣直起性子和歹徒「話聲」，沒有在怕的。而貴華個性比較柔軟、溫順，深諳三從四德，她知道我主見強、高堅持、脾氣硬，從不跟我正面對抗，總是順著我、支持我，在三個孩子眼中，貴華和我總是夫唱婦隨、形影不離，我們一個鍋一個蓋，配得剛剛好。

說實在，夫妻要能夠五十年相看兩不膩，並不是一件容易的事，看看日本許多熟年夫妻流行「卒婚」，老夫老妻雙方在兒女離巢獨立後，夫妻分開而居，各過各的，這個風潮也漸漸吹向臺灣，倒是我和貴華至今仍然出入成雙成對，我們的秘訣，在於「培養共同興趣」。

我愛運動，保齡球、網球、高爾夫球等球類運動，樣樣都涉獵，我練球的場合，都有貴華的身影。貴華說她小時候對體育並沒有特別在行，念高中時體育課要考跳高，她根本跳不過，每次都把竿子推開才能「過竿」，即使運動神經普普通通，她始終不離不棄，每個假日都陪我去練球。

每個人都有強項，貴華擅長跳舞，「生命裡如有舞蹈，生命就會像扶輪一樣不停的運轉

貴華擅舞，翩翩舞姿，總是贏得滿堂彩。

創業時期忙於工作，箇中甘苦不為人知，幸好多虧了貴華與孩子們的體諒。這是我們久久出遊一次的珍貴紀錄。

和傳承」，貴華把跳舞專長帶進扶輪，豐富生活，雖然我這個「舞癡」的身體硬梆梆，老把探戈、華爾滋跳成「機器舞」，但這是貴華唯一的樂趣，我一定配合，在扶輪社許多公開場合裡，都可以看到我和貴華衣袂飄飄、翩翩起舞，總能贏得滿堂喝采。

老夫老妻需要共同話題，每天下班後我會陪貴華聊聊天、看看電視，順便喝點小酒，只是常常我到家晚了，節目前半段沒看到，而貴華總是看著看著就睡著了，漏了節目後半段，我們隔天一起吃早餐時，兩人把前後劇情兜一兜，就跟上男女主角進度了，一人看一半，多好。

說到酒，我突然想起一件趣事，我愛結識朋友，交遊廣闊，飯局很多，貴華氣我在外應酬喝酒太多，屢勸不聽，有次她在我出門後，逕自從家裡酒櫃，挑出一瓶最昂貴的名酒，氣呼呼一口乾光，灌醉自己，隔天睡醒後，貴華氣消了，照慣例忙著送小孩上學等。這就是貴華，凡事包容我、忍讓我，就算一肚子火，也頂多偷喝掉我收藏多年最珍貴的酒。

夫妻要能夠牽手走到老，我還有一個穩操勝券的心法，就是「乖乖交出財務大權」，只要財務權在太太手上，她就會心安。

事實上，把財務管理權交給貴華，也是正確的。貴華是商人女兒，從小耳濡目染，頗有生意頭腦，她念大學時，因為解剖教科書太貴，很多同學買不起，貴華建議大家合買十本，同學們輪流看，減輕很多同學經濟負擔，殊不知當年很多學校教授就是靠賣教科書賺錢，貴華這一招踩到教授地雷，學期末，果然收到了一張「不及格」紅色成績單，不過就此可知貴華八面玲瓏的經商天賦。

貴華很重視風險管理，她做投資理財，會留後路，不會孤注一擲，多年來家裡的財務狀況在貴華的打理下，蒸蒸日上，讓我無後顧之憂。

扶輪是一所「只有入學，沒有畢業」的大學，我秉持著扶輪的座右銘「進來學習，出去服務」的精神，為社會持續付出我的時間和金錢，但要維持三十幾年來都能出席百分百，並不容易，除了靠我運動練出來的強健

體魄和穩定的事業基礎外，最感謝的還是有貴華全力支持與配合。

自從我加入扶輪社，貴華是最稱職的扶輪寶眷，記得當年輔導原民社成立時，我請貴華去協助輔導，有次我開玩笑問貴華：「妳輔導原民社，那妳是哪一族的？」貴華不假思索，笑回：「我是『太滿足』！」我一聽好樂。

貴華就是這樣一個幽默風趣、樂觀開朗、熱情好客，而且知足惜福、大器包容的好太太，還記得我擔任總監的任內，貴華陪我走訪地區六十八個扶輪社，從不缺席，是背後默默支持我的最大力量，希望她永遠健康幸福，與我手牽手繼續走下去。

長子仕仲另類子承父業

仕仲是長子，我對他的期許和要求比較高，記得在他差不多五、六歲左右，我常帶他進手術室，感受一下開刀氛圍，心中多多少少希望培養兒子興趣，將來繼承衣缽。

那時仕仲個兒小小，進了手術室，該有的刷手、穿隔離衣、戴隔離帽等防菌步驟，一樣也沒少，等仕仲全副武裝，我搬張小椅子到我旁邊，讓仕仲站上墊高，告訴他要仔細觀看整個過程，還記得他那模樣，就好像是個「迷你版」菜鳥醫師，跟在我身邊實習一樣。

令我感動的是，這孩子不哭不鬧也不怕，他總是乖乖安靜站在椅子上，睜大眼睛看我劃開病患肚子第一刀、聽我指示助手取器械、紗布等，最後看我把傷口縫合，直到病患被推出手術室，仕仲常常一站就是一小時。

儘管年代久遠，但當年手術室消毒水刺鼻味、冷氣低溫冷冽感覺、醫護人員邊手術邊聊天的畫面，還有整個血淋淋手術過程，直至今日，仕仲全都歷歷在目，雖然外人覺得很可怕，批判我竟然讓兒童目睹血腥畫面，但仕仲自己也說，他還蠻喜歡整個過程，或許這也是孩童對「認真老爹」的一種孺慕之情吧。

仕仲是個有想法、有主見的孩子，他不走行醫這條路，是經過一番深思熟慮的。

仕仲小學時期曾經因為爸爸是醫師、家裡有錢而遭到同學霸凌，年紀小小的他，暗暗立誓：「將來我要和爸爸切割關係，走不一樣的路，讓人家沒有話說，讓大家承認我的實力！」兒子這番內心世界，直到多年後我才恍然大悟。

隨著年紀漸長，仕仲慢慢發現自己的性格，比起在幕前鎂光燈下當大明星，他反而更喜歡隱身在幕後，當道具組，設計一個好環境，讓大家依照規劃安排運作。

土木工程領域對仕仲來說，就像是道具組，因為世界上所有的基礎設施例如鐵公路、橋樑、水壩、電塔等，都是靠土木工程技術建置打造出來的，仕仲常常說：「蓋橋比當醫師酷太多了！」

當年仕仲提出未來他想走土木這條路時，我們父子深談溝通過幾次，最後我決定支持他，將心比心，話說當年我也曾經想當一個「萬物都能修」的機械工程師，但最後穿的卻是白袍，人生道路漫長，我尊重仕仲的選擇。

說起來，仕仲考上成大土木系，到臺南念書，家裡兩個女人最傷心，一個是太太貴華，最疼愛的兒子不在身邊，貴華有好長一段時間，心情低落，若有所失；另外，當時正在念延平中學的大女兒淑儀，不喜歡學校氣氛，課業壓力又大，少了哥哥這個說話對象，淑儀當年的苦悶，無處發洩，痛苦整整三年。

提到教育小孩，我認為身教比言教更重要，我這一生花很多心力投注在醫療事業和扶輪社公益活動，留給家人的時間相對較少，對此，我內心時常有所愧疚。

直到有一次，我聽仕仲接受媒體採訪時提到：「父母對我的影響，不一定非要面對面接觸或陪伴，我從小看父親救人助人，無私付出，投入許多社會公益服務，對我的影響更大」，仕仲說的這些話，我難忍內心激動，天下沒有任何事比孩子懂老爸的心，更令人開心的了。

熱愛運動的我，常常帶仕仲去打網球，小小年紀的他，看著我在球場上揮汗奔跑的身影，一邊讚嘆：「爸爸體力好好！」一邊又覺得「爸爸好笨，為何要站後排」？

網球雙打，兩位選手一前一後，我總是擔任後排選手角色，當對手擊球過來時，我靠體力、腳力，奔東奔西抽底線救球，靠的是體力，不像前排選手，只要動動頭腦，反應快，截擊球回去，讓對手來不及救球，輕輕鬆鬆就能得分，出盡鋒頭，在小小仕仲的眼裡，當前排選手酷多了。

直到年紀漸長，仕仲才慢慢體會出，我這個傻瓜老爸，不喜在前排出風頭，反而甘居後排奮勇救球，骨子裡就是一個正直厚道、默默付出、腳踏實地的鄉下人。

仕仲雖未習醫，但也在他擅長的領域努力精進，發揮「助人」的力量，這也是老爸最大的欣慰與驕傲。

受到我的影響，仕仲在美國學成歸國後，到臺大學術界做學問，也期許自己當一個有實力的專家學者。仕仲要求自己要做實際、長期、有遠見的研究，也許沒有立竿見影的成果，但必須是對社會有影響力的論文。

仕仲的堅持，使得他在臺大教學期間，獲得學術界不少肯定，仕仲很重視激發學生潛力，幫助解決問題，學生都很挺仕仲，日前仕仲創立的智齡（Jubo）科技公司，有不少員工都是仕仲教過的學生。

仕仲正值壯年，勇於把自己歸零，創立智齡（Jubo）科技公司，跨界耕耘長期照護領域，我們父子倆的事業，因緣際會重新滙聚交集，「父子齊心，其利斷金」，這也算是一種「另類」的子承父業吧。

大女兒淑儀溫順貼心是好幫手

相較哥哥和妹妹，大女兒淑儀個性溫順，出社會以來淑儀都一直跟在我身邊，幫忙分擔醫院管理的責任，是我的最佳幫手。

淑儀從小到大，是個乖乖牌女兒，在三個孩子裡面，她是最少挨大人罵、最不需要我和太太貴華操心的孩子，她排行第二，個性溫柔，很會看臉色，她總是盡量配合家人，忠實扮演潤滑劑的角色。

同時，淑儀也是個非常貼心的好孩子，還記得她小學三、四年級，正是醫院最繁忙的時期，我和貴華每天都忙到三更半夜才回到家，小小年紀的淑儀，每天晚上都會在阿公下班後，煮宵夜給阿公吃，所以我的岳父特別疼愛這個乖孫女。

當年兒子仕仲不願從醫，我就把傳承的希望寄託在淑儀身上，相較於哥哥和妹妹，淑儀比較肯聽老爸的建議。

在我的鼓勵下，淑儀一九九五年考上北醫藥學系，當了我的小學妹，為了讓她將來能在仁康醫療事業扮演重要角色，我極力鼓吹她轉到護理系就讀。對許多人來說，從藥學系轉到護理系，這種轉系安排頗為匪夷所思，但淑儀很聽話，接受了老爸的意見，畢業後旋即進入仁康醫院工作，成為我最大的左右手。

淑儀從小就怕我，在家也很少表達自己的意見，她常笑說自己是到醫院上班和老爸當「同事」之後，才比較敢跟我說話，只不過，跟在我這個強人老爸身邊，理所當然承受壓力也較多，偏偏淑儀是個默默做事、不太敢把心裡的話向大人傾吐的孩子，想來她應該不太好受。

淑儀說當年她一畢業，才剛考完護理人員執照，本想放鬆個幾天，沒想到都還沒放榜，考完隔天就馬上被我抓到仁康醫院，在病房當書記，她說她當時邊做邊掉淚，眼看同學們考完後跑去大玩特玩，只有她孤零零被困在病房裡，還有同學開玩笑說「哪有這麼命苦的千金小姐」，不過哀怨歸哀怨，她縱有百般不願，仍然每天乖乖來醫院報到。

淑儀工作半年漸漸熟悉醫院相關作業後，台北仁康醫院面臨轉型危機，我建議她繼續進修，念醫管研究所，將來能夠協助我管理醫院及護理之家，淑儀聽從我的建議，考上長庚醫管所，自此之後，淑儀每個星期在學校、醫院兩邊跑，一刻也不得閒，就連週末假期也調派她到台北仁康醫院，幫忙跟刀。

當時只要淑儀出現在醫院，院內醫護人員都很開心，可能我這個院長個性急躁，有時開刀會破口大罵，員工都怕跟我的刀，只有親生女兒淑儀逃不了，多年下來，淑儀是我三個孩子裡面，跟在我身邊最久、學習最多、也是我最倚重的幫手，淑儀也常向朋友誇耀老爸開刀技術好、縫合傷口又漂亮，讓我頗為得意。

淑儀念完研究所、結婚後，正巧碰上新北仁康醫院準備開業的時期，淑儀除了要幫忙台北仁康醫院醫護工作，還要協助籌備規劃新北仁康醫院許多繁雜事務，淑儀與她的夫婿兩人，每晚加班到半夜十二點才下班，現在新北仁康醫院暨附設護理之家有很多表單及制度，都靠淑儀當年一手辛辛苦苦建立起來，居功厥偉。

還記得她婚後有次因子宮外孕開刀住院，我去病房看她，雖然心知莫問公事、應該要讓她多多休息，但還是忍不住掏出醫院文件，詢問她的意見，並急問她何時可以回來上班，當時沒有發現淑儀面有慍色，直到多年後想起這件事，我才發現，不知不覺我已經愈來愈依賴淑儀的醫院管理專才，她對我的協助至關重要。

說起來，為了協助我，淑儀甚至放棄出國進修的機會，她也是唯一一直陪在我和貴華身邊的孩子，我真的沒料到自己拚命三郎的個性，忽略女兒家的小小心思，多年來父女共事，少不了有意見相左的時候，讓淑儀承受不少壓力，對她既不捨又心疼。

撇開公事，淑儀這女兒和我最大的連結，就是寫書法，她也是三個孩子裡面，唯一得到我真傳的孩子，醫院公文裡常見到「康淑儀」三個大大的親筆簽名字，更別說是她一手蒼勁有力的毛筆字了。

淑儀不僅參與台北仁康醫院的醫護工作，還是新北仁康醫院暨附設護理之家建立的最大功臣，她一直在我與貴華身邊，於公於私，我們都倚賴至深。

小時候我協助大哥刻鋼板，貼補家用，練得一手好字，現在也常寫書法來陶冶性情，我相信「字如其人」，三個孩子念小學時，如果功課寫得很潦草，我就要求他們整面擦掉重寫，淑儀當年總是邊擦邊哭，但現在她反倒非常感謝老爸當年的要求，淑儀說自己很享受專注運筆寫字時那種平和、獨處的寧靜感，這一點果真「父女連心」啊。

此外，淑儀也遺傳了我的好酒量，不管威士忌或是日本清酒，都喝不倒她，這些年她迷上博大精深的日本酒，甚至還考了張「唎酒師」執照，唎酒師即是日本清酒品酒師，目前全臺灣大約只有一千多人有這張執照，酒逢知己千杯少，能和女兒小酌幾杯，也是一種幸福。

淑儀除了有一個在事業上互相扶持的好老公，還有一雙可愛的女兒，記得剛開始準備寫這本書時，淑儀的大女兒采瞳問我：「阿公，這本書要寫給誰看？」我說：「寫給你們這些寶貝孫子看啊！」接著開玩笑補上一句：「要認真看喔，阿公會考試！下次阿公就去你們班上每人發一本當班書。」兩個小孫女聽完後哇大叫起來，我忍不住跟著哈哈大笑。

小女兒淑如善良慈悲，修長身影最像我

長男仕仲的個性和體力遺傳我，長女淑儀跟我有相同興趣嗜好，而小女兒淑如善良慈悲，身材曼妙修長最像我。

我這小女兒從小喜歡畫畫，古靈精怪，記得她出生那時，正好是台北仁康醫院開業初期最為繁忙之際，太太貴華協助我經營管理醫院，分身乏術，只能拜託我的大姐幫忙帶淑如，俗話說：「養的比生的大」，淑如跟大姑情同母女，感情深厚，有時連我跟太太都忍不住吃起飛醋來了。

也許貴華懷孕時，太過操勞，影響胎兒發育，淑如一出生，體質偏弱，氣喘嚴重，動不動掛病號，身為父母說不擔心是假的，不過，淑如身子骨再怎樣虛，都比不上她當年去美國留學時，出了大意外，帶了一道像蜈蚣一樣又長又粗的疤痕回臺灣，讓我這個外科醫師老爸又驚又氣，滿心不捨。

還記得淑如出意外那一年，她二十四歲，人在美國念書的她，某次與好友去加州六旗魔術山玩雲霄飛車，隔天突然腹痛如絞，她以為是經痛忍忍就好，沒想到竟然連續痛昏兩次，大有蹊蹺，怕花錢的她還不敢叫救護車，自己拖著病體前往醫院，X光一照不得了，淑如卵巢水泡破裂，造成整個腹部大出血，光輸血就

輸了兩千CC，經過緊急開刀救治，好不容易挽回一條小命。

我和貴華擔心她動過大刀，孤身一人在美國沒人照顧，待她病體稍微康復，要她馬上飛回臺灣，由我親自幫她換藥、拆線，並且幫她調養身體。

我還記得，當時一打開紗布，驚見一道又長又醜的傷疤，上面釘滿十幾個外科用訂書針，從肚臍一直到陰部，躺在淑如美美的肚皮上，我當下椎心泣血心如刀割，一方面爆怒美國醫師開刀技術差、縫合手法粗糙，另一方面不捨女兒遠在他鄉吃苦受難，當時我嘴巴不說，但臉上表情訴說了一切，淑如難忘當時我殷切關心、真情流露的神情，那時也才深深體會到老爸對女兒滿滿的愛。

淑如個性善良，非常疼愛小動物，有事沒事就撿小貓小狗回來，這點跟我很像，畢竟我小時候也是養牛長大的，我能夠體會孩子想要寵物作伴的心情。

只不過，我們住在臺北都會區，醫院工作又忙，擔心無暇顧及寵物，一直不肯答應讓她養，淑如每次撿回小動物，怕被媽媽發現，偷偷養在員工餐廳的頂樓，拿員工餐廳的剩菜剩飯餵食，只是每次都會被發現，落得小動物被送走的下場。

直到淑如十歲生日那年，她很認真許願要一隻小狗，隔天太太貴華帶回好幾袋各式各樣的布娃娃狗，但女兒長大了，娃娃狗再也哄騙不了她了，拗不過淑如的堅持，最後，貴華帶回一隻活蹦亂跳的博美狗，淑如一償宿願，樂翻了天。

繼博美之後，我們還陸續養過羅威納、柴犬等，連貓咪也加入，多了這些新成員，增添不少家庭樂趣。

像我這樣體力旺盛的人，就算例假日，也絕不浪費寶貴時光，每逢假日，我一大清早起床，就會把全家大小全部叫起床，連狗狗貓貓也不例外，畢竟「一寸光陰一寸金」啊。

三個孩子不敢賴床，看到我連聲催狗狗起床，常替狗寶貝抱不平：「牠們已經看家看了一個晚上，不能讓牠們睡晚一點嗎？」我心裡暗笑，這些孩子嘴巴替狗兒抱不平，其實是替自己出聲。

這些狗狗貓咪在我家，備受寵愛，每隻都養得肥肥胖胖的，還記得淑如十九歲出國念書，由於年紀尚小，我特別牽掛她，但她每次打越洋電話回家，開口閉口只是急著關心家中小貓小狗的近況，害我都有點吃起醋來了。

淑如出國念書，原本念的是企管系，但她念著念著沒興趣，自己偷偷轉系，改念她比較有興趣的加州聖安東尼學院設計學系，我和貴華擔心她走藝術這條路比較辛苦，待她學成歸國後，安排她進入仁康醫院，負責社區醫療的工作，淑如生性活潑擅長交際，舉凡社區安排與里民交流、帶團康活動等，倒也做得有聲有色、如魚得水。

淑如身型瘦高，頗有乃父之風，早年我們夫婦安排她加入「扶青團」，身為團長的淑如，時不時得站到眾人面前，看到臺上的淑如，神采四溢，英姿颯爽，論外型論內涵，都是上上之選，讓我好不得意。

淑如小時候看我工作無論再忙，下班後還是會到書房看書，律己甚嚴。我六十歲左右，血糖偏高，開始控制飲食，減醣份、戒甜食、天天測血糖，我不吃降血糖藥，維持體重二十年不變，也沒有半顆蛀牙，淑如對我的自律，最為欽佩，也常跟自己一雙兒子分享阿公的故事。

我自忖不是一個能和孩子像朋友一樣打成一片的爸爸，但我希望透過身教，成為孫兒們一輩子的榜樣。

康家全家福（上下圖）

我的岳父喜歡剪剪貼貼，這是他幫我們剪貼的全家福照片。
我抱著仕仲，太太貴華抱著淑儀在烏龜車前合照。

我們一家都愛打保齡球。

勤練網球成為仁康
網球隊隊員

與仕仲一齊
練習網球

5

仁康醫院轉型成功記

新北仁康醫院開幕，轉型成功！

我是一本地區醫院翻身活字典

受到全民健保上路的衝擊，全國超過七、八百多位同業或前輩紛紛倒閉、高唱退休樂，我帶領仁康醫院轉型再轉型，是目前全臺碩果僅存三百多家地區醫院的其中一家，從開設至今屆滿四十五年，常有人用「地區醫院翻身活字典」來形容我。

臺灣全民健保自一九九六年實施，迄今二十七年，創造「醫療水平高、等待時間短、費用低」三大醫療奇蹟，不僅國人滿意度高達九成，連國際也稱羨，各國經常派員來臺灣觀摩參訪，全民健保可說是不折不扣的臺灣之光。

臺灣醫療的好，舉世皆知，二〇〇八年諾貝爾經濟學獎得主保羅．克魯曼（Paul Krugman）教授曾經發文，他稱讚臺灣全民健保優於美國的健康保險制度，此外，美國CNN也大作新聞讚揚，根據美國商業雜誌*CEOWORLD*評比，臺灣二〇一九年「健康照護指數」在調查的八十九國家中排名第一；全球資料庫網站Numbeo排行中，臺灣更蟬聯二〇一九、二〇二〇年醫療保健指數冠軍。

依照衛生福利部資料統計，二〇二〇年底全臺總共有四百七十九家醫院，診所數量含牙醫和中醫診所高達兩萬多家。全臺灣醫療院所執業醫事人員數總計約三十三萬人，其中醫師約五萬人，護理人員約十六萬人，藥事人員約兩萬九千人，共同支撐起服務兩千三百萬人的健保體制。

全民健保「俗擱大碗」，臺灣人民盡享「保費低、給付多、看病無障礙」三大福利，連長年旅居海外人士都捨不得退保，每年春節、寒暑假特地飛越太平洋和臺灣海峽，返抵國門，看牙、補牙、全身大健檢等一次做足。

全民健保人人豎起大拇指喊讚，但醫護人員卻是淚往肚裡吞。

民國一〇四年，在健保上路滿二十週年時，遠見雜誌曾經推出臺灣第一份「醫療關鍵報告」，特別針對全國第一線醫療從業人員進行的滿意度大調查，對象包括醫師、護理師、檢驗師、藥師、醫院管理部門及社區診所醫療相關人員，有效樣本八千七百三十三份，根據調查結果顯示，有高達百分之九十二的醫療人員，對未來臺灣的醫療環境發展感到悲觀，主要是健保太便宜、太方便，造成民眾不知珍惜，是所有問題的核心。

從這份報告，醫界認為目前臺灣醫療環境最大問題前三名分別是：民眾不當使用過多醫療資源、醫護人力短缺、健保不斷壓低給付。

不只上述三大問題，有逾六成醫界人士認為「用藥品質」變差、超過半數感覺「醫材品質」下滑，這對整體國民來說，都不是一件好事。

COVID-19 疫情自從二〇一九年爆發兩年多以來，席捲全球，臺灣醫護團隊遵從政府領導，堅守崗位，無私付出，守住了臺灣，也穩定了經濟，再現臺灣驕傲。

醫界支持全民健保創造臺灣立足世界的奇蹟，但這榮光的背後，鮮少有人聞問醫界哀鴻遍野的「求生血淚史」。

這二十七年來，臺灣醫療呈現M型化發展，大者恆大，小者恆小，地區醫院在臺灣四級醫療院所之中，是最弱勢，也是倒閉、萎縮最快的一塊，從健保未上路之前的七、八百多家，到現在只剩三百多家，萎縮一大半。

說起國內的醫療分級，臺灣把醫療院所分成「診所」、「地區醫院」、「區域醫院」與「醫學中心」這四個等級。醫療層級愈往上、規模愈大，相關的醫療設備與醫事人員也愈多，愈專精。

根據衛福部一一一年最新資料顯示，國內最高等級的「醫學中心」，至少要高達五百床以上才有資格，大家耳熟能詳的臺大、榮總、三總、長庚、北醫、亞東等大醫院皆屬之，目前全臺約有二十五家。

第二級是「區域醫院」，按照法規，要三百床以上才行，比如秀傳、敏盛醫院等，全臺共有八十二家。

生存空間受到嚴重擠壓的地區醫院，至少要有二十個病床床位，才能被認定成「地區醫院」。按照規定，有床位還不夠，每十床還要配備一名醫師、每四床一名護理人員，還有其他藥事人員、設備、空間等都要符合法規，根據衛福部一一一年資料，目前「地區醫院」全臺灣約有三六一家，是全臺醫療院所家數縮減最快的一群。

最後一級「診所」，床位在十個以下，甚至不需要床位，許多經營不善、撐不下去的地區醫院，乾脆直接關門，不然就改成以自費項目為主的聯合診所，近幾年來全臺診所家數與日俱增，高達兩萬兩千多家診所，年年屢創新高，從街頭巷尾陸續成立的醫美、復健診所便可嗅出時下最流行的醫病趨勢。

全民健保制度上路，使得臺灣醫院逐漸財團化、企業化，民眾就醫習慣也都往大醫院跑，不再到地區醫院以下的醫院，甚至有部份醫學會不再承認地區醫院受訓的住院醫師資格，使得地區醫院招募醫師不易，成本相對提高。

雪上加霜的是，面對龐大財務黑洞，二〇〇二年（九十一年）健保實施總額制度，更是壓垮地區醫院的一根稻草。

按照制度，健保局的總額預算把所有的醫院放在一起做總額分配，臺大、榮總、三總、長庚、馬偕等大醫院分到那麼多，地區醫院只分到一點點，可能一個月的營業額還不到大醫院的一天。

在總額支付制度下，地區醫院所瓜分到的醫療給付費用，從早期超過三成，迅速降到一成多，地區醫院收入銳減，生存空間大受擠壓，醫院長期在核刪、斷頭、攤扣、點值稀釋的困境中掙扎生存，在總額體制下，同一地區門診與住院診次成長愈多，平均每次得到的給付愈少，使得醫院不敷成本，醫療變廉價，提供一元服務僅賺〇・八三元，醫院做愈多賠愈多，愈容易退出市場。

不只如此，「同工不同酬」健保支付差異，也是造成國內醫院兩極化原因。同一種疾病或同一種手術，醫院層級愈高所獲給付愈多，大型醫院較具優勢。長此以往，沒有自費、找不到足夠醫護人力，地區醫院不倒也難，說實在，如果撐到現在還存活著，這些地區醫院院長，都應該被封「另類」經營之神。

我還記得當年我執業時，臺北市連我在內原本有八十幾家地區醫院，現在只剩十八家左右，其他縣市雖然消失得不如臺北市快，但地區醫院日漸式微，搖搖欲墜，早就不是新聞了。

我們這些外科系醫師，礙於體力有限，封刀退休年紀通常比其他科來得早一些。我有很多同學、同僚，這幾年都沒病人可看，乾脆收掉，告老退休，也有很多同學把醫院租給便利商店，樂當收租公。

面對困境，有人選擇順應潮流、退一步海闊天空，有人選擇頑強抵抗、求新求變，我的個性屬於後者，身為醫院經營者，依據醫院本身條件調整經營策略，包括尋求策略聯盟、委外合作、連鎖經營等來因應環境，逆境求生。

我的家人和朋友，最常用「最不像醫師的醫師」這句話來形容我，大兒子仕仲說我「比起一般醫師，更像是一個中小企業的企業主」。

常言道：「人無遠慮，必有近憂」，我總是警惕自己要眼光放遠，凡事做長遠的打算。為了跟上世界潮流，保持敏銳度，我經常上網、查閱醫學書籍，也積極參加各項醫學研討會，聽衛福部、衛生署長官分析未來政策方向。我擔任北醫校友總會會長時，更常參加學校的院內會議及董事會會議，了解很多大醫院發展藍圖與方向，同時我也積極參與扶輪社，每個月邀請各界菁英演講，藉此學習企業經營之道，掌握社會脈動，交到許多好朋友，擴大視野和格局。

很多人問我，為何不跟著我的同業們，高唱「退休樂」？「行醫濟世」是我一生志業，我帶領仁康醫院轉型再轉型，期間有挫折也有收穫，直到現在我也不能說自己很成功，但我始終相信「誰無疾風勁雨時，守得雲開見月明」這句話，堅持就有希望。

仁康醫院逆境求生記

在臺灣北部數百家醫學中心、區域醫院、診所等列強環伺之下，仁康醫院不僅沒有被擊倒，十年前，從臺北市轉戰新北市，兢兢業業，苦撐熬過艱辛萬難的轉型期，如今總算在新店區佔有一席之地。

仁康醫院迄今滿四十六歲，每個時期都有不同的風景，從早期一帆風順，中期每況愈下、力挽狂瀾，到現在搭上長照列車，穩紮穩打，忠實扮演社區最佳守護者。

回想起四十五年前，台北仁康外科醫院經歷過一段璀璨風光時光，那時候，醫院內外總是人聲鼎沸，救護車鈴聲大作，從遠到近，呼嘯而來，病人痛得呼天搶地，斑斑血跡四處噴濺，醫護人員手忙腳亂忙著吊點滴、止血、輸血、準備開刀房等，這些和死神搶人的急救畫面，依舊清晰刻印在我腦海深處，久久不能散去。

算起來，從民國六十六年開幕那一天起，台北仁康外科醫院輝煌鼎盛至少有二十年光景，我這個「快刀手」，以一擋百、手起刀落，當年門診三小時半可以看完六十位病人，忙得連吃飯、喝水時間都沒有，但我樂此不疲，從不嫌累。

隨著病患大排長龍，醫院空間不敷使用，我和太太貴華慢慢擴充硬體設備，從原本兩棟樓的建築，慢慢擴大延伸為五層樓的醫療空間，原本只是一家單純的外科專科醫院，後來我們陸續擴大，網羅更多科別的醫師，加入本院，最後工作夥伴成為超過五十人的醫療團隊。

醫院也從最初四十床，擴建到九十幾床，因為刀開得很多，病房總是滿滿滿，再加上早中晚看診，每天看診人數快兩百人，所以擴大經營後，我每天總是忙到幾乎沒甚麼時間可以陪伴家人。

仁康外科醫院創立以來，我作為「快刀手」手起刀落的日子仍歷歷在目。

在我執業早期，來台北仁康外科醫院掛病號的，胃出血、胃穿孔等病例很常見，我的父親早年同樣也因胃潰瘍大出血而不治，那時醫界採用的治療方式，初期輕症時使用制胃酸的藥物，病情嚴重患者就需要進開刀房處理。

後來消化醫學界了解幽門螺旋桿菌致病機轉之後，醫師只需要投抗潰瘍藥物，相關胃腸疾病便可治癒，臨床上胃出血、穿孔等嚴重病例也有降低趨勢，我也慢慢不太需要動這類的刀了。不過，相關消化腸胃科問題卻沒減少，人們因為飲食型態改變，胃食道逆流及腫瘤病人反而變多了。

雖然我動的消化腸胃手術慢慢變少，但外傷急救、骨科等病人，並沒有太大改變，有一段時期，我常常去長庚醫院，見習最新的骨科術式和醫學新知。

直到一九九五年（民國八十四年）健保上路，病人開始往大醫院跑，我開的刀少了，病房也漸漸住不滿了，眼看著病人流失、病房空蕩蕩，身為醫師，沒有病人看，那種空有一身武藝沒得發揮的無力感，心裡著實悶得慌。

身為醫院經營者，看到每月營收數字節節下滑，尤其是二〇〇二年（民國九十一年）健保總額支付制實施，嚴重擠壓地區醫院的生存空間，到底仁康醫院該何去何從？我憂心忡忡，焦慮不已。

我強烈意識到，台北仁康醫院的招牌若要繼續高高掛著，非得搭上政策列車，大大轉型不可。

健保開辦後，像我們這種中小型醫院，不敵大醫院競爭，為求生存，大家紛紛轉型經營洗腎、復健、護理之家等，因為呼吸器依賴病人所需的照護人力和設備成本較低且單純，提供了中小醫院成立呼吸照護病房（RCW）的誘因。

於是，除了原本的門診及急性病房，增設了復健科及洗腎治療病床，台北仁康外科醫院由醫療團隊形式，慢慢轉為類似公司經營模式的社區型醫院，醫院名字拿掉「外科」兩個字，改成台北仁康醫院，同時院內加裝了電梯，早年靠醫護助理抬著病人上樓、下樓的景象已不復見了。

那時整個五樓是洗腎中心，記得在二〇〇三年（九十二年）SARS大爆發，和平醫院因院內感染遭到封院時，台北仁康醫院就近接收了許多從和平醫院轉來的洗腎病患，充分發揮了地區醫院該扮演的角色。

不過，因為洗腎醫療資源大部分還是掌握在大醫院，所以後期，我還是決定結束了仁康醫院洗腎中心部門，專心經營呼吸照護（RCW）。

因應醫療政策的變化，台北仁康醫院開設呼吸照護病房，轉型專責照護亞急性疾病及呼吸器仰賴病患為主的呼吸照護（RCW）醫院，結果十年後，這樣的決定，正好與政府十年長照政策無縫接軌。

所謂呼吸照護病房，主要是照護已度過急性期，但仍須藉助呼吸器使用之患者，就算是正積極脫離呼吸器的患者，大部分還是需要一些時日，才能慢慢脫離呼吸器，所以很需要醫療機構提供專業、持續的長期照護。

二〇〇〇年健保實施「全民健保呼吸器依賴患者整合性照護試辦計劃」，規定使用呼吸器的病人住加護病房（ICU）超過二十一天未能脫離，應轉至呼吸照護中心（RCC），做呼吸訓練，最長四十二天，最後轉至呼吸照護病房（RCW）。

根據上述法規，這類原本在大醫院接受呼吸治療照護的病患，一個月後就必須下轉，不能一直留在大醫院，所以很需要地區醫院機構來支援，這也是當初仁康醫院為什麼成立呼吸照護病房的原因。

成立呼吸照護病房算是仁康醫院轉型重生的一大契機，這樣的轉變，我的內心其實經歷了一番掙扎，花了好長一段時間適應。

跟我同一輩的醫師，每個科別的病人都要學會怎麼治療，我的專長是外科及骨科專科醫師，來找我診治的病人絕大部分也是以外科系為主，二十多年來我一直如魚得水、應付自如。

當台北仁康醫院轉攻經營呼吸照護病房為主，等於是由外科轉為胸腔科、內科，不只醫療專業領域不同，病人的照護方式也由短期的急性醫療，轉為中長期的醫療照護，對我、對醫院來說，都是一個很大的轉折。

協助我一路走來的大女兒淑儀，算是最懂我內心糾結的人。

淑儀常形容道：「外科醫師就像太陽」，所有的醫療團隊都圍著外科醫師打轉，外科醫師的戲份非常重，常常都是演主角。

但如果是經營呼吸照護病房，就必須學會帶領整個團隊，有點像是籃球、棒球、橄欖球比賽，要的是「團隊作戰」，不只醫師的角色重要，主要負責照護的護理人員、呼吸治療師的角色也同樣非常重要，畢竟，照護病人的時間變長了，醫院團隊管理能力更顯重要。

大約民國九十年前後，台北仁康醫院由外科為主的醫院，正式轉型擴大為內科病房為主的醫院，健保造成病人往大醫院跑、自費收入減少、總額給付偏低等衝擊，慢慢得到緩解。

儘管醫院當時維持「偏安」局面，雖不求大賺，但也沒有大虧，然而在我內心深處，第六感隱隱約約告訴我，這樣經營模式恐怕難以長治久安，我還是得思考謀劃醫院中長線轉型之計。

所謂「天助自助者，自助人恆助之」，當時發生兩件「助力」，讓仁康醫院二次轉型續命計畫，得以實現。

第一件事是大女兒淑儀就職，第二件則是政府「長照1.0」政策上路。

民國八十九年，北醫護理系畢業、擁有長庚醫學院醫管所碩士資格的淑儀，正式進入台北仁康醫院就職，成為我最大的幫手。

淑儀的背景，正好跟我互補，自從她加入仁康醫療團隊後，我無時無刻都在思考，仁康醫療體系該如何永續經營？如何讓下一代接班，發揮所長？如何讓員工有更好的工作環境，盡企業社會責任？慢慢地，創設護理之家，投入長照行列，仁康醫療體系未來經營藍圖，慢慢成形。

說起臺灣長照政策發展軌跡，依衛福部回顧，約莫起始於一九八〇年代，在此之前大多依賴家庭與民間志願服務力量提供老人長期照顧，當時，坊間大多屬於未立案的私人安養機構，官方投入長期照顧的資源甚少。

隨著醫療科技進步，人口老化趨勢加速，臺灣人口結構慢慢產生變化，政府開始規劃長期照顧政策，以因應人口老化帶來的衝擊，包括「老人福利法」、「加強老人安養服務方案」等，並慢慢整合行政體系各自發展的政策，於二〇〇七年（民國九十六年）通過「我國長期照顧十年計畫——大溫暖社會福利套案之旗艦計畫」，我國長照十年計畫「長照1.0」正式上路。

銀髮海嘯狂襲全球，為了尋找一個適合的長照所在地，大約民國九十五年前後，我開始在民生東路、內湖、新北等地，積極尋覓合適地點，準備設立長照機構，期望配合政府政策，為直線上升的銀髮族以及需要長期照護的病友，提供最完整的照護。

當時，我考量到護理之家初設，百廢待舉，最好能夠繼續保留台北仁康醫院的醫療運作，好讓兩邊醫護人力靈活調配，因此，護理之家的所在地，與台北仁康醫院，交通要便利，兩院還不能隔太遠，受限選址條件，尋尋覓覓了很久，始終找不到合適的地點。

總算皇天不負苦心人，在一個機緣下，透過我的好前輩、新店扶輪社前總監吳生財（PDG Fred）介紹，我租下新北市新店區安康路二段、約一千多建坪的廠房，還有四到五百坪的空地廣場，這一大塊處所，原本是新店扶輪社前社長鄭文和（PP Win）經營的家具工廠，後來鄭文和前社長將事業重心轉往馬來西亞，在兩位扶輪社前輩的幫忙協助之下，終於讓仁康醫院二次大轉型踏出成功的一步。

民國一百年十月十日，新北仁康醫院急慢性床共七十四床正式成立，這一年我剛滿六十七歲，很多跟我同期的外科醫院，大多已經歇業了，像仁康醫院這樣地區醫院規模，能夠轉型再轉型，迄今屹立不搖，少之又少。

很多人讚佩我有勇氣、有膽量，試問，六十七歲正是含飴弄孫、退休樂逍遙的時候，有誰還願意砸大錢、迎接新挑戰、嘗試新突破，賭一個不確定的未來？

全球人口老化問題愈來越嚴重，臺灣不遑多讓，根據國發會預估，二〇二五年臺灣將邁入超高齡國家，六十五歲以上人口達百分百分之二十．七，等於每五人就有一名老人，如此嚴重的國安危機，不得不及早因應。

說真的，感謝淑儀加入團隊，讓我認真思考企業永續經營的必要，眼看臺灣人口老化速度「超歐趕日」，我決定放手一搏，全力推動醫院再次大轉型，帶領台北仁康醫院成為社區守護者。

時任新北市長的朱立倫蒞臨新北仁康醫院開幕剪綵。

新北仁康醫院是社區守護者，也是生命旅途陪伴者

建國一百年的元旦，新北仁康醫院舉行盛大動土典禮，現場舞龍舞獅、熱鬧滾滾，當天冠蓋雲集，包括新北市長朱立倫、衛生署長邱文達、新北市衛生局長林雪蓉、北醫董事長李祖德、新壽管理維護公司董事長黃其光等貴賓，都親臨致賀。

我以「安康健康事業股份有限公司」董事長的身分上臺致詞，宣告我將帶領台北仁康醫院醫療團隊，入駐新北市新店區來服務，我們的核心服務理念是「三心」加「兩面」，所謂「三心」就是創新、愛心、同理心，「兩面」就是落實病人安全與全人照護。

在我們尚未入駐之前，新店安康地區人口

超過十三萬人，長久以來因沒有大型醫療院所，造成民眾就醫不便。

民國一百年，台北仁康醫院正式落腳新北市新店安康，是新北市當年度第一家社區醫院，專門照護長期住院的病患或老人。而耕莘醫院安康院區，差不多比我們晚個三年左右才開業。

為了讓臺北、新北兩家仁康醫院的醫護人力能夠靈活調配，那時我還是台北仁康醫院的院長身分，於是特別聘請臺大胸腔科權威羅嬌芳醫師擔任院長，並禮聘市立聯合醫院骨外科權威杜長華醫師擔任副院長，大女兒淑儀則負責管理護理之家，大家一起帶領各科專科醫師、護理人員及醫檢師、復健師、行政人員等全方位醫療團隊，一起為新店社區民眾努力。

同年的十月十日，新北仁康醫院附設護理之家正式開幕，兩院包含急性、慢性病房總床數共為一百一十五床（臺北九十五床，新北二十床），隔年一〇一年四月並開設呼吸照護病房五十四床，之後，更於民國一〇二年初投入巨資，興建第二院區大樓，籌備附設護理之家的擴床案，連同第一院區，醫院有骨科、外科、內科、復健科、新陳代謝科等共七十四床，以及附設一百五十床的中大型護理之家，又接受PAC（急性後期照護）病患，與慈濟、萬芳、馬偕及雙和等大型醫院轉診合作，形成堅強的醫療網，擔任急性後送醫院的角色，協助急症病患掌握復健的黃金期。

民國 100 年的雙十節，新北仁康醫院附設護理之家正式開幕，提供在地民眾完整的醫療照護支援。

新北仁康致力於提供社區民眾更全方位的完整三層級照護系統，包括急性醫療，亞急性照護（呼吸照護病房）及急性後期照護（ＰＡＣ急性中風後期照護），再加上護理之家，服務範圍從門診到病房，急性到慢性，不僅為社區民眾提供更全方位的服務，更為我國長期照護計畫中的機構式照護，添加一股生力軍。

新北仁康院區位在新店靠山一帶，得天獨厚的地理環境，讓住在這裡的人們開窗即可看見遠山、樹林，閉眼就可聆聽溪水、鳥鳴，呼吸著泥土的芬芳，沐浴在溫暖的陽光中，與大自然共存，身、心、靈必能得到舒展，人自然就健康了起來。

臺北的空氣品質不好，窗戶無法開啟流通，對於需要長期臥床的病人實在不好。

本院另一個特色是規劃有四百坪以上的戶外活動廣場，戶外人行步道的設計，讓住院病友每天能用輪椅推至戶外接受陽光及新鮮空氣，幾十呎高的椰子樹下，和風徐來，對病友的健康提供都會區其他醫院所難得享受的大自然資源。

關於如何經營新北仁康醫院，我有三個核心價值：

一、服務社區

新店地區目前人口超過三十萬人，截至民國一〇八年為止，老年人人口占了總人口的百分之十八・二一，在近十年就增加了百分之七・八一，顯示本區老年人口呈現急遽上升之趨勢，除了因為醫療進步造成的普遍人口老化現象外，也因為很多公教退休人員在退休後，都選擇搬來新店地區養老，致使新店地區未來人口結構特徵將是人口老化及高齡化，因此更需要有老人照護的醫療單位來為本社區服務。

另外，新店有些社區離市區有點遠，新北仁康醫院能提供社區民眾更便利的就醫環境，免去民眾舟車勞頓到市區看診的辛勞。

二、成為社區的健康守護者

新北仁康醫院不只成功將急性照顧變成更完善的急慢性醫療照護，更實踐從醫院走進社區的目標，不論是居家照護，或是居家復能，皆提供社區民眾更完整的服務，成為社區的健康守護者，並且秉持視病猶親的精神，不只醫病，更是醫心，共同守護民眾的健康。

三、打造新北標竿醫院

新北仁康致力於提供更全方位的完整三層級照護系統，提供以病人為中心及社會責任為依歸的服務，落實全人照護百分百。

同時因長照需求激增，但照顧人力日漸缺乏，人力供需嚴重失衡，所以率先採用 Jubo Smart Care 智慧照護系統，結合科技，做更有效率、精準的紀錄、協作及決策，開發遠距照顧，提升照護能量，增進照護品質。

如此優美、適合安養的環境，我也把從小拉拔我長大的大哥康進坤，接來這裡一起住，所謂「長兄如父」，大哥能在新北仁康醫院頤養天年，是我這個弟弟該有的友愛孝敬之道。

大哥入住時已經八十四歲，在護理之家住了好多年，全院上上下下護理人員、病患或家屬，都跟大哥成為好朋友，大哥生前最後一晚，還一一巡視病房，像是一種告別，我衷心感謝大哥養我育我之恩，新北仁康醫院陪伴大哥度過最後一段美好時光，我深感欣慰。

高齡七十七歲的母親，在台北仁康醫院安靜離世，大哥九十歲在新北仁康醫院撒手歸天，骨肉至親的家人在生命最後一段旅程，都有新北仁康醫院的陪伴。我心中有一個最大的願景，就是希望新北仁康醫院能成為臺灣長照機構楷模，擔任人們生命最後旅途的陪伴者，不離不棄，這也是我至今努力不懈的目標。

投入長照，我選擇一條更難的路走

如果問我，新北仁康醫院轉型再轉型，到今天成功了嗎？我會老實回答：「並不算太成功，還需要再努力」。經營長照，我選擇一條更難的路走，對我來說，「利他」之責，永遠大過「利己」，只要我披上白袍的一天，「濟世」絕對不能忘，醫院的存在，就是一種企業社會責任。

新北仁康醫院從民國一百年開業以來，非常辛苦，直至民國一百一十年，才總算轉虧為盈，攤開報表，可以發現，在健保制度不利地區醫院發展、長照政策推波助瀾之下，護理之家的營收獲利，確實是比醫院來得好多了，十年下來，醫院的醫療部門營收幾乎都是紅字，反而要靠護理之家來支撐。

醫院之所以不賺錢，主要是因為這塊地是租借的，每月租金是固定成本，少不了；其次，我們的藥物及器材無法像大醫院一樣以量制價，支出成本壓不下來；還有，護理人力嚴重缺乏，無法擴充更多的床位，難以增加收入，另外包括病人習慣往大醫院跑、健保「同病不同酬」、總額給付偏低等，不利因素全湊在一塊，不斷擠壓醫院生存空間。

很多人建議我，把醫療部門當成是長照的服務單位，也就是保留甚至擴大經營賺錢的護理之家，放棄或大幅縮減虧損的醫療部門，這樣經營起來比較輕鬆。

擁有醫管專業背景的女兒淑儀，常常勸我留護理之家、收掉醫療部門，但我遲遲不肯同意，我們父女意見不合，常有口角，個性溫順的淑儀，爭過好幾次，慢慢地她就不表達意見了，她知道怎樣都講不過我。

我當然知道經營企業一定要有獲利，但是我的天職是醫師，我必須把「濟世」視為最高指導原則。

我之所以堅持要保留醫院醫療部門，有幾個原因，第一，我年近八十歲，救死扶傷行醫逾五十年，熱情不減，迄今仍每日為病患看診，很多以前在台北仁康時期的老病人，經常從臺北信義區長途跋涉到新店來找我看診，對我來講，醫院有一部分是慈善事業，醫師有一半是在做社會公益，和商業經營的思維不全然相同，不能因為不賺錢就不服務，而是應該多多站在服務病人的角度去思考。

其次，在門診過程中，我可以第一線接收病人對醫院、護理人員的反映和評價，更快發現醫院經營的問題，直接滿足家屬的需求，得到病人的信任，為民眾提供更好的服務。

還有一個更重要的原因，就是身為一位醫院經營者，我比一般人更早意識到地區醫院消失問題的嚴重性，我必須負擔起社會責任，讓原本健全的社區醫療安全防護網，不至於崩壞、瓦解。

二十七年前，健保制度上路後，民眾開始習慣往大醫院跑，就算住家附近的地區醫院招牌悄悄熄燈，人們可能沒有太大感覺，只會當作是一種社會變遷的必然現象而已。

但是，萬一有一天，自己的家人突然生病了，而且是急重症，必須馬上送醫，這時候，人們才赫然驚覺，以往住家旁邊的地區醫院早已關門或轉型護理之家了，不得已只好緊急送家人前往路途遙遠的大醫院救治，可能延誤急救的黃金時間，造成不可挽回的後果。

更糟的是，因為病患全往大醫院跑，大醫院總是人滿為患、一床難求，導致急重病患只能待在擁擠、吵雜的急診室苦等病床，有時一等就是好幾天，甚至等上快一個月，只有生過病、等不到病床、掛不進門診的人，才能體會生病的苦。

地區醫院的消逝，不只是直接衝擊社區民眾的急性醫療照護，對於社區民眾的慢性疾病控制及防範、長期照護病患的安置，也同樣受到挑戰。

例如有些長期服用慢性病藥物的老人，因為附近地區醫院關門了，又嫌去大醫院掛號看診不方便，最後乾脆不吃藥了；或是有些需要定期復健的病人，礙於路途遙遠、看診耗時，只好放棄復健。類似這些問題，在臺灣的偏鄉地區尤其嚴重，凸顯地區醫院對偏鄉的重要性。

值得一提的是，地區醫院除了擔負當地地區的醫療照護責任，同時也負責協助社區居民的日常健康篩檢、傳染病監測、疫苗施打，衛生政令宣導與公共衛生、醫學常識等健康教育，一旦地區醫院消逝，原本政府建構的健全社區醫療安全防護網，恐將出現漏洞，面臨瓦解。

地區醫院擔負社區守護者，舉足輕重，新北仁康地區雖然位處新北都會區，但靠近山區，這裡住了數萬名不方便遠赴就醫的社區居民，我告訴自己，新北仁康醫院必須發揮企業社會責任，例如二〇一九年底 Covid-19 疫情大爆發，肆虐全球長達兩年多，至今還看不到盡頭，隨著疫苗上路，我們全體醫護人員，全力配合政府政策，任勞任怨，為社區民眾施打，與在地居民一起攜手抗疫。

「臺灣的醫療不患寡，而是患不均」，臺灣健保曾是我們自豪的臺灣醫療奇蹟，但如果希望健保不倒、醫護不過勞，不論政府或民眾，思維都得要改變，「小病就近看，大病到醫院」，徹底落實分級醫療，否則曾經的臺灣醫療奇蹟，總有一天會救不活自己。

向「半導體教父」張忠謀看齊

十一年前，我以將屆七十高齡之姿，毅然決然創建新北仁康醫院附設護理之家，嚇壞身邊一票朋友，連家人也很吃驚，很多人問我：「你都這把年紀了還不退休嗎？」我總回答：「我還能工作，為什麼要退休？」下一句不忘幽自己一默：「大概因為我是養牛的，所以體力特別好！」每每都能惹來一頓哄堂大笑。

在我的字典裡，沒有「退休」這兩個字。台積電創辦人、有「半導體教父」美譽的張忠謀先生，就是我心目中的最佳典範。

張忠謀大我十三歲，他出生於中國近代的戰爭動亂時期，幼年到少年曾經在香港、上海、重慶停留，經歷一段顛沛流離的生活，在中國大陸淪陷前負笈美國求學，青壯年時期都在美國發跡。

一九八五年張忠謀應孫運璿、李國鼎等大老之邀，返臺擔任工業技術研究院院長，五十六歲張忠謀創辦台積電，他用了三十年的時間，帶著台積電衝到全球第一大晶片代工製造商，開啟臺灣半導體產業的光輝歲月，二〇二二年一月，台積電股價一度最高來到六八八元，超車輝達，重奪全球半導體王寶座，並躍升全球市值第八大企業，即便三星、英特爾持續追趕，台積電仍穩居先進製程龍頭地位，台積電被封為「護國神山」。

張忠謀曾說過：「我的人生的意義就是工作，假如沒有工作，我的人生也就沒有什麼意義。」他把後半生都奉獻給了台積電，直到八十七歲，才正式揮別台積電，二〇一八年把棒子交給台積電現任董事長劉德音和總裁魏哲家。

儘管告別職場，但張忠謀對國家的貢獻卻未停歇。他五度擔任中華民國亞太經合峰會領袖代表，其中有四次是代表蔡英文總統出席ＡＰＥＣ峰會，同時，他也擔任「蔣經國國際學術交流基金會」董事，如今已高齡九十一歲的他，仍精力旺盛回饋社會、報效國家，真正是一位大企業家，是我效法學習的好榜樣。

在我的觀念裡，退休應該是依個人的體能狀況來決定，而不是由年齡來決定，隨著醫療科技發達，「人生七十古來稀」已經是過去式了，我倒覺得，現在是「人生八十很正常，人生九十滿滿是」的年代，人活到八十歲已經是很普通的事了，如果仍要求員工六十五歲就退休是不合理的。

正因為人類愈來愈長壽，長照政策是各國刻不容緩急需推動的施政方針，日本高齡化問題比我們更早發生，早在一九八九年日本就開始推動長照政策，我國參考日本的長照政策，於二〇〇七年推出了「長照一・〇」，不只整整慢了日本十八年，在政策規劃、推動上，我覺得比起日本，臺灣的長照政策，都將關注心力放在「長期照護」上頭，對銀髮族的價值視而不見，忽略高齡人士依然具有豐富經驗與勞動的可能性。

我研究過，目前臺灣勞工的法定退休年齡為六十五歲，但實際上平均退休年齡，大約落在五十五到五十六歲。

反觀日本、歐美等國家，常常可以看到上了年紀的資深收銀員或服務生，對這些人來說，繼續工作並不僅僅為了經濟考量，持續工作可以讓銀髮族維持社會聯繫，也可以讓自己保持活力和頭腦清晰，工作為老齡人口帶來尊嚴、肯定並且促進健康，具有正面效益。

我一直建議政府，臺灣應該學習日本及新加坡的作法，鼓勵及協助樂齡人士繼續留在勞動隊伍，獎勵各產業多多僱用年長員工，除了可以填補勞動人力的空缺外，也可降低老年人口對家庭及政府的依賴，不只維持自身的經濟獨立，對國家的經濟成長也有幫助。

當然，我以身作則，民國一百年新北仁康醫院創立後，直至一〇六年台北仁康醫院結束營業為止，我在六十七歲至七十三歲這六年時間，每星期在兩邊院區各看三天門診，兩邊奔波也不覺疲累，一想到能夠照顧更多病人，我就覺得精神百倍，日子過得很充實。直至今天，我還是天天準時到新北仁康醫院上班報到，貢獻專業。

對於醫院的員工，我也經常鼓勵他們能工作就繼續工作，不要輕易言退，新北仁康醫院裡就有一位快九十歲的醫師，比起來，快八十歲的我只能算是小老弟一個。

除了貫徹聘僱樂齡人口，新北仁康醫院更是想方設法，歡迎新生命到來。不像其他企業很怕員工懷孕生產導致人力不足，新北仁康醫院反而非常積極鼓勵員工「增產報國」，只要生一個寶寶，就補助一年的奶粉錢，可別小看這樣的獎勵制度，實施多年來，確實收到成效，本院可是擁有「生生不息的醫院」美名呢！

「人愈老愈要動」，目前我還沒有退休的打算，除了醫療本業之外，我也積極參與教育、公益、造福鄉里等活動，隨身攜帶的行事曆永遠寫得密密麻麻，行程永遠排滿滿，我不認為人老了就該隱居山林，而是要把智慧傳承給下一代，因此我勇敢跨入長照這一塊新領域，繼續照顧一百個員工家庭，把事業傳承給下一代，讓企業永續經營。

我的大女兒淑儀，是北醫護理系學士、長庚醫管碩士，在我尚未創立仁康長照事業前，就已先加入仁康醫院團隊，和夫婿一起協助我管理醫院業務，在新北仁康醫院成立後，由淑儀負責管理護理之家，十年來交出一張漂亮的成績單。

大兒子仕仲在成大、臺大分別取得土木工程系學、碩士之後，遠赴美國史丹佛大學，順利取得土木與環境工程博士，再回臺大任教。

仕仲的個性和我一樣，喜歡挑戰，又有社會責任，擔任臺大教授以來，不斷思考自己到底可以為臺灣做些甚麼不一樣的事。

二〇〇八年，他帶著臺大學生跟「雙連安養中心」產學合作時，仕仲發現臺灣社會還沒有準備好迎接高齡化時代來臨，特別是「智慧照顧」這一塊乏人問津，於是他結合不同專業的專家學者，創立「臺大智齡聯盟」，希望能夠培育高齡社會所需的跨領域人才。

仕仲打從三歲起，每天在台北仁康醫院上上下下跑來轉去，整棟醫院就是他的遊樂園，這四十幾年來，仕仲親眼見證臺灣醫療體系的演變，從早年外科醫師沒戴手套徒手手術，宛如第三世界的醫療水平；到今日國際化、高水平的精準醫療品質。環顧全臺，很少人能夠同時身跨「醫學」與「工程」這兩個領域，既要掌握工程進度、懂科技研發能力，又要了解醫院體系運作，像他這樣的「醫二代」，深深了解科技導入照護的必要性和未來性，最適合出來做「智慧照顧科技」這一塊。

十年前，在人人都不看好之際，仕仲不畏困難，一頭栽進智慧照顧科技領域，創立「臺大智齡聯盟」，直到二〇一八年，仕仲覺得時機成熟，他辭掉臺大教授一職，在新店創立智齡科技（Jubo）公司，積極投入長照領域。

當年仕仲不喜從醫，改走土木工程專業，誰能料到，多年後，他竟然投身智慧照顧科技領域，我們「父子登山，各自努力」，最後殊途同歸，我的醫療背景和長照事業經營，成為他新創事業的根鬚和養分，我衷心盼望這另類的「子承父業」，能共同成長成一棵對社會有貢獻的大樹。

我兒仕仲青出於藍更勝於藍

大兒子仕仲辭掉教職，毅然決然踏入長照領域，他預見科技導入照護的必要性和無限可能性，想用科技連結照護，我不懂新創事業，但我默默支持他，新北仁康醫院附設護理之家就是智齡科技（Jubo）的第一個客戶。

話雖如此，為人父母總有操不完的心，特別是智齡科技（Jubo）創立三年以來，為了搶佔市場之先，一直在燒錢，我和太太貴華沒辦法再當個旁觀者。

有次，我直接殺到仕仲的公司，想要瞭解一下公司營運模式，就在我和仕仲深聊過後，我深鎖的眉頭不但沒有緩解，內心疑慮反而更深了，我忍不住問：「人家投資這麼多錢，你以後怎麼還啊？」憂心如焚溢於言表。

當時，仕仲語氣平靜、堅定自信吐出一句：「若你從未失敗過，就表示你不夠努力」，這是他的母校、美國史丹佛大學教會他的精神，這一句話猶如一劑強心針，不但堵上我的嘴巴，也安定了我焦躁的心，從此，我從一名擔憂的父親，變成兒子最堅強的後盾。

仕仲很像我，事情總是挑「最難的」去做，就像我帶領仁康醫院轉型再轉型，再怎麼累、再怎麼艱困，我都堅持要讓地區醫院繼續活下去。

二〇〇五年，仕仲自美返臺，隔年進入臺大當助理教授，當時臺大有很多產學合作機會，大部分的教授都喜歡找ＩＢＭ等大公司當合作對象，但仕仲卻預見長照醫療的未來潛力，敏銳觀察到「智慧照顧」領域，需要科技人大量投入。

內政部資料顯示，二〇二一年國人平均壽命已來到八十一・三歲，根據國發會推估，臺灣在二〇二五年，將會迎來「超高齡社會」，也就是每五個人就有一個人是六十五歲以上的高齡者，老化問題嚴峻。而在二〇二〇年，國人平均每四・四人就要扶養一位老人，二〇三〇年則降到平均每二・七人扶養一人，二〇四〇年時平均每兩人就要扶養一人，最後到二〇六五年，降到一・二人扶養一人，未來扶養比將持續升高，社會負擔將日益加重。

未來五十年老人人口數大幅增加，占整體人口超過四成，幼年人口不到一成，青壯年不到五成，長照問題將成燙手山芋。

銀髮海嘯來得又急又快，我們的社會似乎還沒做足準備來面對這個國安問題，早在十年前，仕仲已經嗅到長照問題，他說過：「這是一個很少人想做，但看得見未來願景的領域。難的事我不做誰做？」一頭栽進當時乏人問津的智慧照顧。

臺灣老化問題日益嚴重，再加上教改失敗，技職教育被弱化，造成照顧現場永遠人力不足，工作負荷重、環境辛苦，這時如果將科技導入，讓ＡＩ來協助

仕仲三歲的時候，我創立仁康醫院，他後來雖未習醫，但對於臺灣的醫療環境從小就很熟悉。現在他創立的智齡科技（Jubo）以「智慧照顧」為主軸，以創新思維將科技導入照護系統，我們父子倆竟因此成為另一種「同行」，我也與有榮焉。

照顧現場，當第一線照護人員的幫手，減少資料整理時間，不只能讓被照顧者得到高品質的照護，也讓照顧工作形象更專業化，工作條件更提升，讓新世代更願意投入照顧產業，等於一舉數得。

秉持「創造長者安心、家人放心、機構貼心的照護環境」這樣的想法，二〇〇八年仕仲在臺大的產學合作案，選擇了雙連安養中心，結合不同專業的專家學者，創立「臺大智齡聯盟」，除了培育高齡社會所需的跨領域人才外，也與政府合作進行科技部計畫，研發新時代照顧科技的應用與創新服務模式。

在臺大任教十年，仕仲不只成為臺大頗受學生歡迎的土木系教授，更身兼臺大副教務長一職，一切看似穩定，前途一片大好，但他卻陷入「中年危機」。仕仲提過，看著我這個老爸一生為社會貢獻所學，投入公益，他也渴望自己能夠「改變世界」，他認為生命短暫，要做就要趁早。

於是，在二〇一八年年中，在他接下加拿大亞伯達大學教職前往任教的前夕，他創立了智齡科技（Jubo）公司，全心全力的投入智慧照顧事業，我當然也以實際行動支持其夢想，讓仁康醫院成為 Jubo 的第一個客戶。

臺灣目前有六十萬人口需要長期照護，十年後需求人數將上升到一百萬人，根據衛福部調查，長照護理師至二〇二四年將缺少近四千人，以目前的長照產業成長速度，護理人力明顯會供不應求。

智齡科技（Jubo）的第一個產品，是專門為住宿式機構設計的「Jubo 智慧照護解決方案」，透過資料科學、ＡＩ人工智慧的技術應用，協助機構業者精準管理，至少省下照護人員百分之三十紙本抄寫時間，簡化繁瑣的資料處理現況。三年內全臺累積超過一百五十家機構客戶。

二〇二〇年推出的第二個產品「Jubo 日照管理解決方案」，根據日照中心營運模式，開發出核銷管理、交通安排、家庭聯絡簿等多項功能，系統也可與 Line 連動，方便家人了解長輩的活動與最新狀況。這項產品推出不到一年，就達到每十家日照即有一家使用智齡科技（Jubo）的成績，甚至澎湖離島也有每天使用智齡科技（Jubo）的機構客戶。

幸運的是，智齡科技在成立之初，就獲得科技部、國發基金、創投界達盈管理顧問公司等的資金援助，同時智齡科技連連獲獎，二〇一九年勇奪「新創事業金質獎」，同時連續兩年獲得「國家新創獎」，二〇二〇年再次拿下「New Star 年度三十強最具潛力新創」殊榮。

二〇二〇年，智齡科技在北美設立第一家海外分公司，並與全美最大的長照平臺 Point Click Care 展開合作。二〇二一年併購嘉義長照資訊系統商多田，讓自家產品服務與應用更貼近在地需求後，仕仲下一步瞄準國際市場，要讓智齡科技（Jubo）站上世界舞臺，成為照顧科技領域布局全球的領航者。

二〇二一年八月，智齡科技得到上市公司嘉新水泥、緯創資通以及多位天使投資人的肯定，挹注數億元資金，為團隊技術與前景注入強心針，成為智齡躍上國際舞臺、打世界盃的重要資本。

這兩三年，COVID-19 疫情全球大爆發，更加速智齡科技（Jubo）的應用。二〇二一年五月中下旬臺灣疫情嚴峻，智齡科技加入新北抗疫微光計畫，導入物聯網設備與遠距系統，讓獨自在家隔離的長輩，其生命徵象數值得以實時呈現給專業人員，甚至線上就能接受醫護人員視訊問診。

仕仲說，目前的醫療數位轉型，智齡科技算是達成第一階段成果和目標，下一階段他希望往「服務的數位轉型」邁進，從機構做到居家，不只是單方面提供技術就足夠了，還需要跟地方政府的服務單位及衛服部的政策單位配合，甚至跟保險公司或更大型的投資人合作。

我很佩服仕仲創業的眼光、號召人才的能力，以及打世界盃的勇氣。仕仲是一名科技長照的先鋒，每每與他聊到智齡科技，看他閃爍著光芒的雙眼，總讓我有「青出於藍更勝於藍」的驕傲。

有感於臺灣即將面對高齡化社會的嚴峻挑戰，仕仲離開穩定的教職，創立智齡科技，與許多年輕的有志者不斷研究，透過人工智慧「讓照護更聰明」；他並帶領團隊獲得經濟部新創事業獎、生策會國家新創獎、New Star 年度最具成長潛力新創及 TTA Award 等肯定，盼能讓科技為大家提供更溫暖更人性的服務。

6

我以扶輪人為榮

我於 2001-2002 年間擔任扶輪社 3480 地區總監，主辦 AGTS（助理總監研習會）。

我與扶輪社結下不解之緣

一九七七年，台北仁康醫院剛剛創立，岳父推薦我加入城中獅子會，開啟我接觸公益的第一步，只不過當時我的重心都在看診，分身乏術，直到十年後，醫院經營發展步上軌道，在好友吳森川的邀約引薦下，一九八七年我成為台北城中扶輪社三十八名創社會員之一，而且我建議把本社名字取名為城中扶輪社，自此栽進扶輪浩瀚世界，與扶輪社結下不解之緣，這一年，我四十三歲。

一提到「扶輪社」三個字，很多人腦海裡不免浮出「一群有錢人在玩的社團」這樣刻板印象，以為它是大老闆聯誼交際的組織，行有餘力才捐錢做公益，其實大家都誤解了，扶輪社真正的精神，永遠是公益第一、聯誼第二，最後才是休閒娛樂。

國際扶輪社成立於一九〇五年二月二十三日，創辦人是美國芝加哥一位名叫保羅・哈理斯（Paul P. Harris）的青年律師，他從小鄉鎮來到芝加哥執業，他覺得大都市生活充滿了緊張與陌生，街道上雖然擠滿了人，但人與人之間友情很薄弱，沒有友誼與慰藉可言，保羅・哈理斯抱著改善和轉移社會風氣的理想，邀約其他行業的五位商人，共同成立了歷史上第一個扶輪社。

也因為最初國際扶輪社的定期聚會是每週輪流在各社員的工作場所舉辦，所以國際扶輪社的名稱，便以「輪流」（Rotary）作為社名。根據二〇二一年最新統計，它已經遍布全球一百六十八國家或地區，共有三萬六千六百五十三個扶輪社，是一個擁有一百一十六萬九千七百七十三位社員的國際組織。

國際扶輪社是一個非政治和非宗教的組織，也是世界上第一個服務團體，其宗旨為結合具有服務精神的專業人士，提供人道主義服務，教育及文化交流，促進世界各地的善意與和平。

國際扶輪社有兩個座右銘，「超我服務」（Service Above Self）及「服務越多，收穫越大」（One Profits Most Who Serves Best），被全球社員奉為圭臬，扶輪是一種生活方式及態度，社員們抱持著真誠、無私、簡樸、服務的心，為世界貢獻自己。

所謂的「超我服務」就是團結一群平凡的人，成就一個非凡的事。

國際扶輪社的第一個服務計畫，是一九〇七年在美國伊利諾州芝加哥市興建了一個社區公共廁所，滿足當地居民真正的需求，從社區小小的服務開始做起；直到一九八五年，發起「全球根除小兒痲痺行動」這項歷史性計畫，誓言要讓全世界兒童都能接種疫苗對抗小兒痲痺，號召各國政府以及知名企業熱烈響應，影響甚鉅，其中最為知名的莫過於近十年來比爾蓋茲及米蘭達基金會，提供十億美元的捐款，幫助最大，激勵扶輪社員持續往根除小兒麻痺的目標前進。

自一九七九年起，菲律賓是全球第一個接種疫苗的國家，至今國際扶輪社已在全球一百二十二個國家，為超過二十五億個孩童接種疫苗，三十七年來致力推動全球根除小兒麻痺，國際扶輪出錢出力，已經投入超過六十二億美金，成果相當卓著，臺灣也在兩千年，由WHO宣布小兒麻痺症正式從臺灣根除。

值得一提的是，國際扶輪社原本期望在二〇〇五年扶輪社百周年時，就能贏來消滅小兒麻痹這個勝利，但因病毒會變種，加上殘存的野生小兒麻痺病毒都存在巴基斯坦、阿富汗、奈及利亞這些烽火連天、戰爭頻仍的國家，國際志工和醫療資源進入不易，施打率降低，病例也因此增加。

替戰亂地區兒童施打疫苗，難度和風險都很高，曾經有志工被誤認為間諜，也曾有扶輪社友前往伊斯蘭地區協助施打疫苗，卻不幸被殺害；此外，在巴基斯坦也曾發生警察護送志工前去協助兒童接種疫苗時，遭到槍手射殺，還有，巴國回教激進組織塔利班認為這是西方國家要讓當地兒童絕育的詭計，因而對疫苗中心發動攻擊，重重阻礙之下，小兒麻痹症遲遲難以根除。

小兒麻痺症曾經肆虐全球一百二十國，五零年代達到流行最高峰，當時造成每年三十五萬人癱瘓，這個一度讓人聞之色變的疾病，經過多年來的努力，二〇二〇年世界衛生組織終於宣佈，小兒麻痺正式絕跡；可萬萬沒想到，二〇二二年世衛證實馬拉威再度發現一起小兒麻痺第一型野生病毒，這是非洲大陸睽違五年首見野生病毒株，也是數十年來小兒麻痹防治工作的一大挫敗，小兒麻痹世界清零只剩下最後一哩路，還需要繼續努力。

身為救苦救難的醫師，我非常認同扶輪社的核心理念，一九八七年我成為台北城中扶輪社創始會員，坦白說，當時我對扶輪社抱有憧憬，但其實並不太清楚整個組織架構和內涵。直至五年後，我當完扶輪社五大服務的主委、當上城中扶輪社第五任社長，我愈接近扶輪核心，愈信服扶輪的博大精深。

一九二七年，國際扶輪理事會在比利時奧斯坦國際年會，提出「扶輪社五大服務」，分別是：社務服務、職業服務、社區服務、國際服務以及青少年服務。

扶輪社規定，必須當過五大服務的主委，充分瞭解每個組別運作之後，才有資格當社長，因此我擔任過職業服務主委、國際主委、社區服務主委、社務主委等職務，五年內全心全意投入社務活動，毫不懈怠，到了第五年才有資格擔任社長。

記得那一陣子正是我醫院工作最繁忙的時期，我常常早上看診完，就趕去參加扶輪社的午餐開會，之後再趕回醫院繼續看下午診，當時忙到必須聘請我的姪子擔任助理，協助我處理醫院事務，順便兼做司機，開車帶我兩邊趕場，幸好我喜好運動，體能充沛，才能在繁重工作之餘，還能在扶輪社保持百分百出席全勤

1987 年，我成為台北城中扶輪社的創始會員，後來又擔任第五任社長，參與了許多活動，從中逐漸了解扶輪精神，一頭栽入扶輪社這個「社會大學」。

紀錄。

就這樣，經過五年的磨練，一九九一年我當上城中扶輪社的社長，十年後，我出馬爭取扶輪社三四八〇地區的「地區總監」一職，當時臺北市的總監清一色都是企業家或是律師背景，從來沒有一個醫師敢出來，我是第一個站出來爭取服務的人。

「醫師」這個行業，職場環境相對單純，鎮日忙著與疾病戰鬥，自從我加入扶輪社這個「社會大學」，每年勇奪全勤獎，我學到了很多在學校、職場都學不到的東西。

扶輪社的信念是「做中學、學中做」，藉由「付出」來學習，在付出中不斷成長，並且有許多密集的訓練和國際交流，使我視野更加開闊，更具備領導特質。

扶輪社定期舉辦演講，邀請各行各業優秀人士，分享個人生命經歷、哲學，或是企業經營之道，擴大我的格局和眼光，讓我提前嗅到產業趨勢。

扶輪社這個社會大學，只有入學沒有畢業，它教會我不再只是一個開刀救命的醫師，更懂得經營管理企業，幫助我帶領仁康醫院轉型再轉型，二〇〇一年我成功當選三四八〇地區的地區總監，也是全臺北市以醫師身份擔任扶輪社地區總監的第一人。

我熱愛收集朋友

很多醫師喜歡收藏古董、字畫、珠寶、名錶、美酒等經典極品，比起這些，我更熱愛「收集朋友」。

我喜歡服務、幫助別人，又因精神飽滿、性喜熱鬧，我從年輕時，就喜歡參加各式各樣的社團，在北醫求學時，我當班代為大家服務，並成立北醫雲林縣同學會，擔任會長，凝聚串聯雲林人的情感。

畢業從醫後，我加入台北市雲林同鄉會，協助創立拇山醫友會（目前更名為北醫醫學系校友會），建立理監事選任制度，並擔任第一、二任會長；二〇〇八年到二〇一〇年期間，我擔任北醫校友總會會長，也是臺北市醫師公會、臺灣社區醫院協會、私立醫療院所協會等理事，我廣結善緣，交遊廣闊，深信「三人行必有我師焉」的道理。

自從我一九八七年加入台北城中扶輪社開始，到一九九一年擔任台北城中扶輪社第五任社長，二〇〇一年角逐扶輪社三四八〇地區總監成功，二〇一〇年擔任國際扶輪社中華民國總會第十屆理事長，並於任中將此會更名為「國際扶輪台灣總會」，這二十多年來，隨著我在扶輪社的職位愈往高爬，我身上的責任也愈重，「挖寶」新社友、輔導新社成立，是我最大的使命，直到現在我仍樂此不疲。

我認為，多元文化是臺灣的特色，從二〇〇〇年起，我就想方設法，用盡了人脈和資源，挖掘優秀人才菁英，加入扶輪這個大家庭，就連在打高爾夫球、跟球友們球敘，我也心繫掛念這件事。

例如二〇〇〇年成立、以閩南語為主的北海扶輪社，就是我在北海球場打著打著，相中了臺北市體育用品公會理事長葉家和（Charlies）和優瀚企業公司董事長林光裕（Stanley）這兩名菁英，並邀請城中社友葉家和先生出來擔任創社社長。

光是二〇〇一年這一年，我身為三四八〇地區總監，總共輔導催生了九個新社，勇奪臺灣扶輪七個地區成長第一名，創造光榮的紀錄。

除了閩南語為主的北海扶輪社之外，包括客語為主的客家扶輪社、清一色女性的百合女性扶輪社、原民為主的原民扶輪社等，都由我一手催生，這其中又以原住民扶輪社最為一波三折。

還記得多年前，扶輪社曾經邀請亞都麗緻前總裁、「飯店教父」嚴長壽先生到社內演講，他分享自己如何在臺東偏鄉創建學校、教原住民當導遊、培育原住民孩童、教他們外語等，直到現在我還清楚記得聽完演講的我，內心有多激動澎湃。嚴長壽先生在偏鄉的所作所為，都是實踐「給魚吃，不如教釣魚」的理念，其中，嚴長壽先生不只要改善原住民的經濟條件，還要拓展他們的國際視野，最令我欽佩。

嚴長壽先生說，原住民委員會是最了解原鄉的人，也是最知道原鄉需要甚麼的人，如果他們願意一起站出來為原鄉服務，勢必會帶來改變與進步。

我想要成立原民社，也拜訪了原住民委員會，邀請委員加入，但剛開始大家都興趣缺缺，意願不大，令人頗為沮喪。

不過我不死心，多次拜訪當年原民會主委孫大川先生，努力說服他共同協助成立原民社，一起為原住民的未來發展努力，我還邀請前臺北市原民會高正尚先生擔任台北原民社創社社長，最終我的誠意和熱情感動了大家，二〇一〇年，催生了臺灣唯一的原住民扶輪社。

自我二〇〇一年擔任地區總監開始至二〇〇二年六月底為止，扶輪社大約只有四百多個新社、社友約一萬五千多人，到二〇二〇年，全臺已有九百多個新社，社友高達三萬五千多人，全臺扶輪新社遍地開花，扶輪新血好手雄霸各方，眾志成城，同心協力，推動公益慈善服務，把臺灣的美好帶給全世界，怎能不令人驕傲。

熱愛收集朋友、輔導過許多新社成立，最令我驕傲的，莫過於在自己的故鄉，輔導成立「雲林崙背扶輪社」。

離鄉背井六十多年來，崙背這個窮鄉僻壤，好似都沒甚麼進步，我認為如果能把在地企業集結起來，廣納菁英，同時引進扶輪社資源，一定能帶動地方繁榮，縮小城鄉差距，我打定主意，一定要翻轉崙背。

在一個人口只有兩萬多人的小農村，想要成立一個被外界視為「有錢人的國際性社團」，光是這個點子，就被很多人唱衰，沒有人看好，過程困難重重。

我這人最大的優點，就是不怕難，不怕苦，堅持信念，使命必達，歷經半年的努力及多方奔走，在虎尾中央扶輪社人力協助下，我們排除萬難，二〇二一年十一月七日，不畏 Covid-19 疫情嚴峻，全臺口罩不離身、居家隔離，照樣集結一群崙背在地產業負責人及各領域菁英，「崙背扶輪社」就此成立。

崙背扶輪社創社社長由崙背國小家長會長廖俊豪擔任，社員人才濟濟，包括元培醫專、雲科大任教老師，還有捏陶、佛像雕刻藝術家等，其中，代表崙背扶輪社的可愛商標圖像「闊嘴獅」，就是出自崙背陶藝家林昆輝榮譽社友之手，他創作一系列「陶魚」作品栩栩如生，闊嘴獅也因他的生花妙筆，活靈活現。

之所以用闊嘴獅當成崙背扶輪社商標，這是因為崙背有超過半數的居民是詔安客，早期客家人練武強身，就是練客家獅陣，也就是大家熟悉的舞龍舞獅，而闊嘴獅就是最能代表崙背文化精神的吉祥物。

這場盛大授證典禮，選在我的母校、雲林崙背國小，熱鬧舉行，當天來自北

2021 年 11 月 7 日，排除萬難，我在家鄉崙背成立了「崙背扶輪社」，廣邀在地菁英加入。當天我的扶輪導師黃其光先生與雲林縣長張麗善都蒞臨授證典禮，我們希望藉由扶輪的力量，未來能「翻轉崙背，再現繁榮」。

中南兩百多位扶輪社友、眷屬，到場祝賀，我們喊著「翻轉崙背，再現繁榮」的口號，期待崙背扶輪社能帶動地方發展。

除了我的扶輪導師黃其光特地南下祝賀之外，雲林縣長張麗善也特別蒞臨現場致詞，她特別感謝扶輪社在疫情期間捐贈兩百五十五萬抗疫基金和物資，讓縣府在中央撥款不足下，得以購置一萬劑快篩試劑和其他防疫設備，另外她也感謝扶輪傳愛，提供縣民免費篩檢C肝，因為雲林縣是全國肝癌死亡率最高的。

「扶輪印證了『政府的力量有限，民間的力量無窮』」，張麗善縣長這句話，讓我們所有扶輪人備感榮耀，出身崙背的我，更是欣慰。

亦師亦友扶輪貴人黃其光

扶輪有「三勝」，按照年齡來算，「大勝」張勝鑑，是一位小兒科醫師，我是「中勝」，外科暨骨科醫師，至於「小勝」許勝傑，本業是建築師，我們三個名字都有個「勝」，大家常常叫我們「三勝」，氣味相投，感情甚篤。

像我這樣的鄉下孩子，原本不識麻將為何物，直到有次跟著扶輪社到日本開會，在「小勝」許勝傑不厭其煩教導之下，我才慢慢享受這「方城之戰」鬥智動腦的樂趣。

為了方便牌咖常常相聚，我家設有一間專門麻將間，連醫院貴賓室也大喇喇擺上一桌，說來有趣，不少扶輪大計都是在牌桌上謀劃商議的。

我的幾個固定牌咖，包括國際扶輪總社社長黃其光、國際扶輪理事謝三連、雄獅鉛筆董事長李翼文、桃園敏盛醫療體系創辦人楊敏盛，都是扶輪多年好友，其中黃其光更是我的貴人導師。

二〇一一年我創辦新北仁康醫院附設護理之家，黃其光非常看好長照醫療的未來發展，也深覺國內醫護體系缺少這一塊，他主動提出合作計畫，並出資協助興建新北仁康醫院，還派他女兒出任董事職位，我倆交情之深可見一斑。

相較於事業上的成就，黃其光最為人所稱道的，反而是他勇奪「第一位華人國際扶輪總社長」這個最高榮譽。黃其光是國際扶輪創社一百零九年以來，第一位華人總社長，他把畢生精力都投入國際扶輪，帶領臺灣踏上世界舞臺，扶輪人都尊稱他是「臺灣扶輪之父」，在我心中，他是正港的「臺灣之光」，是我的偶像。

黃其光出身保險世家，他的父親黃秉心先生被譽為「臺灣保險業之父」，是國內保險耆老，黃其光留美拿到保險碩士學位後，應父親要求，返國進入保險業服務，不過，黃其光堅持不當「靠爸族」，他不在父親的保險公司工作，反而選擇加入華僑產物保險公司（現為蘇黎世產物保險公司）服務，果然「虎父無犬子」，三十歲當上副總經理、成功處理一九七〇年代臺灣保險史上最大的理賠案，在華僑產物保險公司任內，將華僑從業界排名倒數第二，一舉提升到全臺業績第二。

黃其光憑一己之力大展身手，曾擔任臺灣新光保全董事長、華僑產物保險公司總經理、臺北市生命線協會常務理事、黃秉心保險獎學金基金會董事長等。

黃其光在臺灣推動扶輪服務時，我算是他的「一把手」，他對我下達的「指令」，大多都是在牌桌上進行的，例如二〇二〇年他「指示」我出來當國際扶輪第九地帶的扶輪協調人，他總是說：「我是隊長，你當我的副隊長，我們一起為扶輪奉獻吧！」受到他的熱情感召，我幾乎從未對他說過一句「No」。

（上）2020-21 年度「扶輪台灣隊」成立大會，我（任執行長）與隊長黃其光。
（下）我與黃其光賢伉儷，攝於國際扶輪前總監協會澎湖之旅。

一九八七那年，我以醫生身分加入扶輪社這個大家庭，並準備成立城中扶輪社時，大安扶輪社就是當時我們的輔導社團，黃其光所屬的台北扶輪社又是大安扶輪社的輔導社團，若論年紀，我比他大一歲，若論扶輪輩分，我反而是黃其光的「孫」字輩，我們志同道合、年齡相仿，可說是「扶輪哥倆好」。

黃其光所屬的台北扶輪社，是戰後臺灣成立的第一個扶輪社，當時是由昆明扶輪社的成員協助成立的，創社於一九四八年，當時的創社社員有三十三名，主要成員是從大陸撤來臺灣的扶輪社員以及外國駐華官員，第一任社長是前總統嚴家淦先生。

身為臺灣歷史最悠久的扶輪社，台北扶輪社的入社門檻極高，一九七五年黃其光申請入社，過程極不順利，連續被拒絕三次，社方以「太年輕」、「保險業已經有代表」等理由拒絕他，當時該扶輪社社員平均年齡約六十五歲，社友幾乎清一色是政壇大老、企業大老闆，包括蔣緯國將軍、行政院長孫運璿、經濟部長李國鼎、大同公司董事長林挺生、知名資深新聞報人葉明勳等人，黃其光當時年僅三十歲，還只是個華僑保險公司副總，雖然在公司排起來是第五大的主管，但和扶輪社要求的公司負責人、經理人資格還是有一大段差距。

屢次申請不過，黃其光沒有放棄，反而積極努力表現，被拒絕入會長達九個月之後，黃其光終於取得入社資格，一九七六年加入台北扶輪社。

黃其光深知自己在社內資歷淺、年紀輕，其他社友有錢、有權，但沒時間，黃其光什麼都沒有，就是有時間，他自告奮勇協助處理社務，包括主持會議、籌備活動、聯繫社友等，因此贏得了好人緣和口碑，他入社短短六年後，一九八二年，黃其光以最高票當選台北扶輪社社長，這一年，他三十七歲，是臺灣的扶輪社有史以來最年輕的社長，一九八六年他當上國際扶輪第三四五地區的地區總監。

不過黃其光並未因此滿足，他有更遠大的夢想，希望世界都能夠看見臺灣，多年來他在國際扶輪總社不斷努力耕耘，一路從理事當到副社長，二〇一四年終於當選國際扶輪總社社長。

臺灣出了一個總社社長，對全體扶輪社友來講，與有榮焉，社友們共同「出錢、出力、出智慧」，把黃其光一舉推上「總社長」大位，黃其光總是很謙虛地說，單靠他一人之力，沒法成就此事，全體社友們才是最大助力，居功厥偉。

還記得當時必須想一個主要的宣傳口號，我「出智慧」提出一個點子，我建議把臺灣的東方元素放在裡面，又因為黃其光名字當中有個「光」字，於是就以這個點子為架構，想出了「光耀扶輪」（Light up Rotary）為當年的宣傳口號，希望藉由我們的服務，讓我們的光在我們的社區發光發亮，來「光耀扶輪」。

黃其光當選總社長時，曾接受當時行政院長江宜樺接見。江院長說，國際扶輪總社社長的身分相當於「無任所大使」（Ambassador-at-large），是由國家元首、政府首腦等領導人指派，授權代表國家的高級外交官，不同於一般派駐海外國家駐點的使館大使。

江院長這個形容真的很貼切，黃其光擔任總社長一職，大大發揮外交實力，讓臺灣被看見。

二〇一二年，黃其光曾以「準總社長」的身分，到全球社員國拜訪，動輒坐上十幾小時的飛機，已經七十歲的黃其光不以為苦，還常跟我們笑說他都還沒正式當上社長，就已經與太太繞了地球足足四圈。

黃其光說，許多國家其實仍不了解臺灣，擔任總社長之後，一定要親自走一遭，跟中東、南美甚至遠方小島的社友們面對面接觸，臺灣才會真正被認識。

那時不只美國的芝加哥總社會升起中華民國國旗，黃其光到訪其他國家時，該國也都會升起我國國旗，演奏國歌。

國外社友不只對我國國歌耳熟能詳，黃其光為了推廣臺灣文化，還將臺灣社友寫的臺語版扶輪社歌「這是咱的扶輪社」當作國際年度主題歌曲，甚至改成爵士版本，「感謝天、感謝地、感謝大家，用真情甲鼓勵，將阮栽培；愛珍惜每一個付出的機會～」、「這是我們的扶輪社，什麼人才攏置遮，為著理想活出新的生命！什麼困難攏毋驚～」讓歐美社友大為驚豔，當年這熟悉的旋律在年會會場響起時，外國朋友也一起跟著哼唱，每每讓全體臺灣社友悸動不已、大受感動。

黃其光當上社長後，還推動「繁體中文」成為國際扶輪的官方語言之一。在他擔任會長前，國際扶輪官方語言有七種，但沒有中文，這樣不僅影響華人圈扶輪社的成長，也連帶降低社友參與國際事務的意願。黃其光不只讓繁體中文成為扶輪第八種官方語言，更在國際會議中增設中文組。

從一九七六年加入扶輪社，三十多年來，黃其光幾乎是「扶輪擺第一，事業擺第二」，與其說黃其光是一流企業家，不如說他是一位成功的慈善事業家。

我在黃其光身上，看到民間社團也可以擔負起拓展臺灣外交的助力，參與公益不是單純的「施」，而是「慈悲」，努力改善別人的生活，讓他們過得跟我們一樣快樂，我深深體會到，心生慈悲，處處都是快樂。

我是臺灣扶輪改造者

我本著做公益、服務社會的理念，加入扶輪社，愈做愈起勁、愈做愈「以天下為己任」，我堅持不移民，不拿美國綠卡，臺灣就是我們的家、我們的根，我心中有個遠大夢想，希望站在國際扶輪社巨人的肩膀，把臺灣推向世界舞臺，讓臺灣被世界看見。

我參加多次扶輪的國際年會，每次都發現臺灣社友在會場常常不知何去何從，二〇〇八年我擔任台灣扶輪總會副理事長任內，我結合了臺灣七大地區各扶輪社、中華扶輪教育基金會、扶輪出版社及所有臺灣扶輪人，在當年於洛杉磯舉行的國際扶輪年會，創設了「臺灣館」，擔任第一任館長，臺灣社友在會場終於有了一個聚集的家；並藉由臺灣館，將臺灣的美麗及豐碩的服務成果，呈現在一百多個國家的會員面前，讓全世界認識臺灣多元文化的實力與內涵，用扶輪社團的力量，讓臺灣突破外交困境，提高臺灣的國際能見度。

可能因為我在扶輪社的努力受到肯定，二〇一〇年大家推舉我，當上了國際扶輪台灣總會理事長，其實當我從第九屆汪國恩（PDG Hy-Line）理事長手中接下棒子時，當時總會的名稱還是「國際扶輪中華民國總會」，但在我兩年任內，整個強大的團隊共同努力下，終於在二〇一一年七月成功將總會更名為「國際扶輪台灣總會」，英文名稱則更名為「Taiwan Rotary Clubs Association」。

說起來這個更名，任務極為艱鉅，去「中華民國」留「臺灣」，更是踩到某些人的紅線。

從古到今，改革從來就不是一件容易的事，從歷史上許多變法、改制可以印證，光是要應付四面八方湧來的反對聲浪和雜音，就足以淹沒一切。不過，我認為改革是一件不得不做的事，既然是正確的道路，就算遭遇再多阻礙，該改的還是要改，在國際扶輪總社社長黃其光欽點力挺之下，我不畏責難，推

擔任中華民國扶輪總會第九屆副理事長與理監事合影。前排右一為張育宏前總監（PDG Y.A.）、前排右二為 3460 地區前總監、前排右三為第九屆理事長（PDG Wood、PDG Hi Line）

動多次改造，被封為「臺灣扶輪改造者」。

回顧投入扶輪社這三十六年期間，我積極地進行三項改造，第一項就是我提到的「更名臺灣」。

為什麼一定要把「國際扶輪中華民國總會」，更名為「國際扶輪台灣總會」？除了希望增加臺灣的能見度外，最主要是因為原本「國際扶輪中華民國總會」名稱，英文地址寫法是「R.O.C.」，信件常常要到對岸先繞一圈後，發現有錯，然後再轉送到臺灣來，頗為困擾，後來有賴國際法學專家陳隆志律師的建議與協助，終於更名成功。

第二則是「任期改造」，以前台灣總會理事長大部分由北部地區的社員擔任，三年一任，還可連選連任，對其他中南部社友不甚公平。我和前任理事長汪國恩以及張迺良律師共同努力，把章程修正為兩年一任，並不得連任，由全臺灣七個地區輪流擔任理事長，讓全臺灣社友同心齊力推動扶輪服務，也讓更多人有機會擔任理事長，更符合扶輪培養領導人才，輪流服務的精神。

第三是「改造扶輪月刊」，所謂扶輪雜誌（Rotary Margazine），是一份為了協助國際扶輪宣揚扶輪宗旨，以及推動國際扶輪政策的重要刊物，隨著扶輪社在世界各地紛紛成立，國際扶輪為了服務各國不同文化、語言的扶輪社員，開始授權各國自行編印「區域扶輪雜誌」，一九六〇年第一本中文扶輪雜誌也正式在臺

發行，只不過，歷經五十多年來，這份刊物從最早的季刊，改為雙月刊，再改為月刊，內容千篇一律、大同小異，漸漸跟不上時代潮流。

我還記得，二〇一五年某天我正在家用餐，突然接到國際扶輪總社長黃其光的電話，當時各國編印的區域扶輪雜誌都會寄送到國際扶輪總會，黃其光說他看了各國寄來的扶輪雜誌，深深覺得臺灣的這份中文扶輪月刊需要進行一次大改造，除了希望看到不一樣的雜誌編排內容，整個扶輪月刊組織也需要改變，黃其光知道改革不容易，但他相信我一定可以完成這個不可能的任務。

當時扶輪月刊的編輯組織只是一般的委員會，不是協會，沒有銀行戶頭，很多活動或創意很難進行，再加上主編五十多年來都是同一人擔任，需要新血，於是黃其光社長請謝三連理事、林修銘理事兩位協助我，我第一步先改組並成立「台灣扶輪出版暨網路資訊協會」，向內政部正式申請立案，並聘請台北大安社鍾鶴松前社長擔任秘書長兼主編，二〇一六年成功完成改組。

自從接到黃其光社長電話，經過整整一年努力，我在「台灣扶輪出版暨網路資訊協會」第一屆理事長任內，積極推動雜誌編輯封面及內容更新，一改五十年如一日的復古封面，同時，我降低紙本印製量，改推電子版發行，也同步建置電子扶輪智庫等，總算讓扶輪刊物和組織架構與時俱進。

當一個改革或是改造者，很不容易，勢必會遇到許多阻力，尤其扶輪社友來自各行各業的佼佼者，皆是社會棟樑、人中翹楚，誰也不服誰，我之所以能夠扛起黃其光社長交代我的這個「改造」重任，秘訣就在於「溝通」兩字。

所謂「好的溝通」，我認為，多替對方想，多站在對方立場去思考，也許對方講的話當下很不中聽，但身為溝通者要有耐心，要放下心中成見，聽懂對方情緒背後不滿的原因，互相尊重，最終找到一個雙方都滿意的解決之道，達成共識。我秉持這樣的溝通哲學，完成一次又一次的扶輪改造。

很多人問我，為何黃其光總社長交代我的事情，我都使命必達？為何我勇敢改造扶輪，依然贏得好人緣？這就不得不提我的另一位扶輪偶像，他是城中扶輪社創社會長、同時也是泰山企業名譽董事長暨總裁詹仁道。

詹仁道溫文儒雅、虛懷若谷，人如其名，處世圓融，他一生貫徹「做頭損角」

哲學，影響我很深。

泰山企業，從一九五〇年代小型榨油廠起家後，七十年來也經歷了許多危機，但詹仁道一次又一次化危機為轉機，擴大企業規模及經營觸角，展現經營智慧，帶領泰山發揚光大。

身為第二代長子的詹仁道謹記老父所言，徹底貫徹「做頭損角」哲學，展現大哥風範，他認為，領導者一定要有不計較的氣度，他掌舵泰山長達四十六年，泰山也在他的手上，家族和樂，業績蒸蒸日上。

詹仁道大我十四歲，他是城中扶輪社創社會長，輩份很高，又是知名企業家，我當時是創始社員之一，很尊敬他，他在扶輪社算是大老級人物，但他從不擺高姿態，扶輪社裡誰在位他就尊重誰，他對社友也總是鼓勵多責難少，在詹仁道身上看到以和為貴的智慧。

我記得他常常說的一句名言：「人多話少」，他告訴我，人多的時候話就少一點，只要說重點；此外，他也常告訴我在團體裡做事，要「相擁不推辭」，意思就是人家請你做事，只要做得到就不推辭，勇於承擔責任。我還記得有次大家拱他出來當「唱歌主委」，詹仁道不假思索，馬上回答說「好啊」，他敦厚踏實的精神，一直是我的榜樣，我也以「相擁不推辭」的哲學，承擔多次任務，完成扶輪大事。

2011 年 6 月 26 日，我參加國際扶輪中華民國總會的「建國百週年暨扶輪表揚大會」。

投入扶輪社三十多年來，我致力於「更名臺灣」，2011 年 7 月終於順利將「國際扶輪中華民國總會」更名為「國際扶輪台灣總會」。
圖為更名後的國際扶輪台灣總會之第十、十一屆理事長交接暨理監事就職典禮。

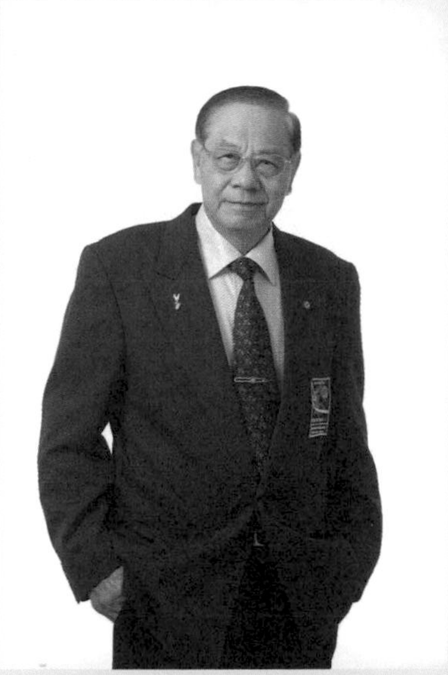

上圖右：我於 2013 年 6 月 6 日參加百合社授證八週年活動。
上圖左：我擔任 3480 地區總監，衣著上有扶輪標誌，心中更時時惕勵自己長懷扶輪精神。
下圖：擔任 3480 地區總監時，我與貴華同國際扶輪社長 Richard King 伉儷合影。

1
2
3

1 帶團訪問菲律賓 Sta.Mesa RC 與秘書 P.P. Kenny 合影。
2 訪問馬來西亞淡邊扶輪社。
3 當時擔任副社長的黃其光和我與各扶輪社友合影。

返鄉義診黃金陣容

三十五年前自從我加入台北城中扶輪社後，扶輪不只讓我成長，更讓我真正體會「超我服務」的精髓，身為杏林中人，從根除小兒痲痹、防治C肝到最近幾年Covid-19全球防疫戰，我無役不與，返鄉義診十年不間斷，守護故鄉永保健康。

我的專業是醫療，一九九六年我義不容辭出任「地區消除小兒痲痺等疾病委員會主委」，為全球根除小兒痲痺盡一份心力。

除了擔任根除小兒痲痺主委外，二〇〇一年擔任地區總監時，我也利用醫療專業和資源，在臺北市政府舉辦肝病篩檢抽血活動。因為我們代表三四八〇地區，所以設定「抽血三千四百八十人次」為目標，全地區動員起來，當時號召一百多位醫護人員投入這個公益活動，包括同樣醫療學歷背景的內政部長張博雅、臺大肝病專家許金川醫師也都蒞臨會場，為大家打氣加油。果然活動當天湧進了三千多人，等候抽血的椅子大排長龍，一直排到市政府外面了，活動結束後，我們還把這三千多份血液檢體，送至醫療單位進行檢驗並做成報告。活動圓滿成功，三四八〇區社友們熱鬧風光辦成了這件好事，為市民健康盡一份心力，證明有志者事竟成。

回想起小時候，父親因操勞罹患胃潰瘍，家貧無力就醫，故鄉醫療資源又落後，最後只能喝神明的香灰符水，導致延誤就醫，最後不幸出血過多而英年早逝，令我大為抱憾。我告訴自己，等我長大成人、有能力之後，一定要幫助跟父親一樣貧病交迫的人。也許老天爺見我如此有心，因此創造了一個機緣，讓我就此展開長達十年的雲林返鄉義診之路。

說起雲林返鄉義診團，源起自十五年前。民國九十六年，當時雲林縣的蘇治芬縣長有感於旅北名醫很多是雲林子弟，醫術高超，而當時雲林縣各項資源遠遠比不上其他縣市，醫療資源尤是，蘇治芬縣長聯繫全臺灣最大民間組織社團「台北市雲林同鄉會」理事長張神其，問他能否組義診團返鄉服務鄉民，張神其理事長毫不考慮一口答應，並詢問我這個副理事長能否協助，「這可不是我心底醞釀多年的心願嗎」，當下我義不容辭立馬答應接下醫療委員會主任委員一職，我運用醫界人脈，號召許多旅北名醫，組成陣容龐大的醫療團隊，返鄉服務。

醫療團隊包括骨科、內科、婦產科、精神科及牙科，醫療陣容全都是一時之選，除了雲林在地的醫師及衛生局人員大力配合外，還有不少雲林旅北知名醫師，包括臺大骨科蔡清霖教授、三總骨科林柳池教授、北醫附設醫院愛滋病中心主任廖學聰教授、婦產科鄭丞傑教授、牙科蘇明圳醫師、王茂生醫師等，此外，由於雲林口腔癌罹患率長年高居全臺之冠，我也特別邀請檳榔一族視之如鬼神、看到他就逃之夭夭的「臺灣口腔癌防治先驅」韓良俊教授，一同下鄉義診。

這眾星雲集的「黃金醫療名醫團」，號召力十足，每年下鄉，總是一大清早就出現長長人龍，區區五百位義診名額，很快就秒殺。

記得有次去麥寮義診時，一位臺西鄉民跟我說，以前他北上去三總掛骨科名醫林柳池主任的門診，因為路途遙遠，必須前一天就搭車北上，聽到林主任要親自下鄉來義診，他開心得不得了，盼了好多天，排除萬難，非給林主任看一下才開心。

雲林口腔癌罹患率高，為了鼓勵鄉親多多接受口腔檢查，整條義診動線規劃，費了不少心思安排。

我發現，很多「紅唇族」鄉親，一看到韓良俊教授，都「跑給他追」，打死不想面對、不想檢查口腔，讓人哭笑不得。因此，我把牙醫診療椅安排在正中央，最熱門的骨科放最後，我還特別規定，所有鄉民必須看完每一個科別，才能領米、醬油等「完診」小禮品，就這樣，完美達成義診任務。

韓良俊教授下鄉，還找了不少學生來協助，只要發現疑似病例，馬上開始現場教學，遇到不熟悉的口腔黏膜病變，他會立即診視並說明病情，義診兼教學，韓良俊教授認為再好也不過了。

不只帶學生義診，韓良俊教授也會事先委請衛生局協助邀請各地衛生所家醫科醫師參加，他在現場示範如何為病人進行口腔黏膜檢查，從旁指導家醫科醫師實際操作。韓良俊教授認為，衛生所的家醫科醫師是直接面對鄉民的第一線醫師，經過這樣的實際操作練習後，一定可以大大提升口腔癌防治成效。

每年三、四月左右，我協同各科旅北名醫回鄉，進行為期兩天的義診，每次去四個鄉鎮義診，第一天看診一整天，第二天凌晨五點就起床用餐，六點出發上路，雖然行程緊湊滿檔，但大家不畏辛苦，十年下來，雲林二十個鄉鎮走透透兩次，為一萬五千位鄉民的健康把關，原本雲林縣高居不下的口腔癌罹患率，也從全國排名第一往下降到了第十八名左右，可說是成效卓越。

還記得某年，醫療團來到某鄉鎮進行骨密度檢查時，發現當地男生骨密度普遍都低於平均值，身為骨科專科醫師，第六感告訴我一定有問題，後來發現問題出在「飲用水」。

經過我一番探詢，發現當地因為水質不佳，幾乎人人都買 RO 逆滲透水來喝，鎮上三、五步就有一家賣水的店，但因為逆滲透系統過濾過的水，雖然可以去除有害的雜質，同時也會去除有益健康的礦物質，例如鈣和鎂等，長期飲用這樣的水，骨質容易產生問題。我提醒鄉親 RO 逆滲透水不適合長期飲用，如果真的無法改變飲水習慣，至少要適度補充鈣質。

我們組成「醫療服務團」返鄉回雲林義診，長年不輟。
（上圖：2010 年 7 月 24 日；中圖：2011 年 6 月 25 日；下圖：2020 年 8 月 29 日）

「預防勝於治療」是同鄉會每年義診最主要的目的，能早期發現問題，及早防範疾病的發生或惡化，是我們最樂見的。

鄉村年輕人口外流嚴重，老年人因交通不便造成就醫困難，或是諱疾忌醫的不當觀念，常常錯失黃金治療期，十年來因雲林義診團的付出，喚起了民眾對自己健康的重視，讓我覺得一切辛苦都是值得的。

有些義診醫師或志工，犧牲假期為鄉親服務，連續參加十年不間斷，他們的熱忱與愛心，更是讓我深深感動，滿懷感謝。

特別一提的是，義診團並不是辦完活動就沒事了，我們還會將民眾的血液、尿液等檢體做成檢驗報告，委請北醫公衛研究所邱弘毅副校長進行統計分析，希望找出鄉親罹患的疾病特性，進一步探討飲水、空氣品質、周遭環境與生活習性等關聯性，以科學實證的方法，提出對民眾健康及縣政府醫療政策的具體建議。

根據邱弘毅教授的研究報告，雲林鄉親C肝罹病率是全國的兩倍，肝癌死亡率也是高居全國之冠，這幾年雲林縣衛生局特別加強推動C肝篩檢，扶輪社當仁不讓，跳出來贊助鄉民免費篩檢C肝及C肝治療補助。

關於六輕造成的麥寮空污和鄉民罹癌率的關係，我們也和臺大公衛詹長權教授合作，根據詹教授的研究發現，六輕附近鄉鎮民眾尿液中常可驗出砷、鎘、鉛、鉈等九種毒性物質，而其中有五種是一級致癌物，我們衷心希望此研究結果能喚起政府對鄉民健康的重視。

我十六歲就離開雲林故鄉，至今已超過半世紀，我以生為雲林人為榮，我從小耳濡目染母親的慈悲與愛，熱心回饋家鄉，醫療是我最擅長的領域，我將持續貢獻我的專業，發揮扶輪社超我服務精神，持續為故鄉盡心力。

康家出了兩個崙背之光

扶輪社是一個「進來學習，出去服務」的地方，在這裡，有時會吃驚自己「不鳴則已、一鳴驚人」，當年一段無心插柳柳成蔭，像我這樣的醫師，一躍而成餐廳董事長，有朝一日當上國策顧問，和我的表哥王郡，哥倆好都是「崙背之光」。

二〇〇一年，我和幾位北海社的社友，合夥投資成立「水茗樓」中式餐廳，初期由一位北海社社友當總經理負責經營，但生意不甚理想，於是改由另一位社友、時任體育用品工會理事長的葉家和擔起管理重責。就在餐廳生意慢慢有起色之時，葉家和接到一筆美國客戶訂購溜冰鞋的大訂單，他投入大量資金生產製作，豈料這位美國客戶竟在二〇〇一年九一一恐怖攻擊事件中不幸喪生，葉家和一時資金周轉不靈，即將面臨國稅局查封，不得已只好將餐廳過戶給我，就這樣，我莫名其妙當上了餐廳董事長。

餐飲事業我是一竅不通，徹底的外行人，我不敢說自己將餐廳經營得有聲有色，但在我用心耕耘之下，餐廳營收至少交出一張「打平」的成績單。我認為，餐廳只要菜好吃，不怕客人不上門，當時我特別延聘「大三元」的師傅來當主廚，我要用一流佳餚菜色抓住老饕的胃。

三十年前，臺股狂飆年代，有「金融餐廳」封號的大三元，由於距離號子近，又靠近總統府，附近銀行、銀樓林立，是政府官員及金融人士的宴客首選，在股市萬點臺灣四小龍最風光的時期，每到中午都是高朋滿座，一位難求，大三元酒樓老闆曾形容：「看排隊人潮就知道今天股市漲跌！」這家老牌創立於一九七〇年，也是臺灣現存歷史最悠久的港式酒樓，二〇一八到二〇二〇年連續三年摘下米其林一星殊榮，大三元出品的師傅絕對是一等一的高手，果然客戶好評不斷。

看準保健養生潮流，我也特地邀請臺北醫學大學名譽教授楊玲玲博士，設計製作藥膳食譜，在菜單裡增加藥膳鍋的選項，楊教授身為藥學博士，長期研究以中藥來增強人體免疫力和預防癌細胞生長，且研究出許多「食療養生」學問，果然藥膳鍋菜單一推出，大受歡迎，不少人慕名前來一飽口福。

就這樣我邊學邊做，不知不覺水茗樓默默走過了十個年頭，這期間，我常以校友總會前會長身份，邀約北醫校友們，齊聚一堂，探討「如何發揚北醫校友的精神」，許多學弟妹們笑稱水茗樓是北醫人絕佳聚會場所。

此外，我也把扶輪社例會，轉移到水茗樓來開，當年太太貴華被醫生診斷出罹患類風溼性關節炎，需要多動一動，於是貴華開始邀請地區寶眷們一起學跳舞，原本這些女士都在台北仁康醫院的頂樓練舞，自從有了水茗樓後，寶眷們全都轉移陣地，水茗樓燈光美氣氛佳，大夥兒運動兼開例會，還能享用大餐，一舉三得。

從院長斜槓餐廳董事長，激發我無窮潛力，跌破眾人眼鏡，中華民國史上首位女性國家元首蔡英文總統遴聘我為國策顧問，又是另一段無心插柳柳成蔭。

還記得二〇一六年民進黨總統候選人蔡英文出馬角逐總統大位時，我們在水茗樓席開十桌，舉辦募款餐會，蔡英文親臨會場和大家打招呼，太太貴華大手筆買了許多「小豬」力挺蔡英文，因為蔡英文可是她中山女中的學妹。

提起蔡英文和貴華結緣，起因於我輔導成立的百合扶輪社，清一色都是女性，二〇〇五年在晶華酒店舉行授證典禮時，準備參選民進黨主席的蔡英文特地前來致意，當天由貴華親自接送她，當時兩人一路大聊中山女高的往事，蔡英文也向貴華請教很多扶輪社的事情，她們學姊學妹的緣分就在那時結下了。

說到小豬，二〇一二年蔡英文團隊推出小豬撲滿小額募款，打出響亮易懂的「三隻小豬」口號，帶動選戰氣勢，風潮襲捲全臺，當時共募集到十四萬隻小豬，可惜那年蔡英文輸給國民黨總統候選人馬英九，鎩羽而歸。

二〇一六年蔡英文捲土重來，繼續以「三隻小豬」為號召，最後她以三百零八萬票差距及百分之五十六・一的得票率，大勝國民黨總統候選人朱立倫，成為中華民國第四位直接民選總統，蔡總統是亞洲首位出生非政治世家、且是中國民國史上首位的女性國家元首。

因為小英的哥哥、嫂嫂也是醫生，所以她也總把我當大哥看待，記得當時小

2017 年 5 月 26 日，與小英總統於總統府合影。

英為了出馬競選總統，成立「小英之友會」，開口邀請我擔任第一屆會長，但我認為醫生是白色的，應該「心中只有疾病，沒有藍綠」，所以婉謝她的好意。

小英當選總統以後，再次邀請我擔任總統府國策顧問，我想，國策顧問算是總統「民間的友人」，主要是收集民間意見，以專業觀點，提供可行的政策讓官方參考，讓國家政策更符合民意，有助於國家推動政策，國策顧問等於是擔任政府與民眾的橋樑，是很有意義的角色，於是我欣然接受，不再推辭。

有天，家鄉的友人傳了一張照片給我，只見家鄉老宅門前四根大柱子上，貼著「祝賀康院長擔任國策顧問」大大的恭賀紅條，原來是鄉民代表致贈的，因為我是第一個正港崙背鄉出產的國策顧問，而且連續當了兩任，鄉民們都與有榮焉。

另一個崙背鄉民的驕傲，是我表哥王郡，他曾擔任內政部警政署副署長，在職期間屢破震撼社會、震驚人心的重大案件。二〇〇〇年王郡升任海巡署署長，當時海巡署還在草創期，剛剛成立四個月，他戮力帶領海巡署推動各項海洋事務、提升海巡署的專業素質，並強化執勤能量。在他任內短短四年，海巡署繳出一張漂亮的成績單，對社會治安維護、海岸疆域保衛都有卓越貢獻，深獲國人肯定。

現任新北市長、曾任警政署長的侯友宜，曾待在表哥王郡麾下，他說自己的老長官王郡，處事心思細密，辦案冷靜心細，對待部屬更加寬宏，是警界中少有的領導者模範。

曾經，表哥王郡接獲國民黨徵召，希望他出馬參選雲林縣縣長，不過，表哥跟我一樣，我們哥兒倆對從政都沒有意願。

我這一生：堅持與感恩

回顧我這一生，最能代表我的兩個關鍵字，應該是「堅持」與「感恩」吧！童年時期的逆境，鍛鍊我堅強的體魄和心智，青壯年時期我立志當個杏林聖手，帶領醫院轉型成功，全心投入扶輪公益，回饋故鄉，始終堅持做對的事，即將屆滿八十，我依舊熱愛生命，熱衷學習，我感謝老天，感恩親朋好友，這一生福澤深厚，知足常樂。

年輕時，我的全副精力都在醫療專業上，創立台北仁康醫院，發揮我的「快刀手」，濟世救人，即使面對全民健保上路後的艱鉅環境，我還是沒有放棄自己的醫者使命，在同業紛紛告老還鄉、大唱退休樂的同時，我咬牙帶領醫院轉型再轉型，跨足長照領域，新北仁康醫院暨附設護理之家目前在新店地區，盡職扮演「社區守護者」的角色，隨著兒子仕仲也投入長照服務產業，面對來勢洶洶的「銀髮海嘯」，我相信「父子同心，其利斷金」。

邁入中年時，有幸接觸扶輪社，從此我的人生後半場，與扶輪緊緊相連，我全心全意輔導新社成立，不畏壓力持續推動扶輪改造，忙碌看診之餘仍然全省跑透透，一切不為名不為利，只覺個人取之於社會太多，希望能盡一己棉薄之力，幫助更多需要幫助的人，拋磚引玉，號召更多人，發揮影響力，注入正能量，讓世界變得更美好。

人生漫漫，漸漸步入夕陽，回首一生，我十歲離開故鄉雲林，北上打拚，但我始終以生為雲林人為榮，雲林人重情、重義，不怕苦不怕難，把「吃苦當作吃補」，我感念孕育我的這片土地，我積極響應推動雲林返鄉義診、為鄉親健康把關，我努力輔導創建崙背扶輪社，結合地方仕紳「翻轉崙背」，讓故鄉再現繁榮，回饋故鄉可說是我一生志業。

所謂「老驥伏櫪，志在千里」，這兩年我在雲林積極推動「魚菜共生」新事業，我認為一個地方要繁榮，除了人，產業活化也很重要，特別雲林是農業大縣，創造環境永續與人類和平共處，非常重要，這兩年我利用鄉下的一千五百坪土地，設立魚菜共生系統，生產有

崙背鄉這片將近 1500 坪的地，可打造「魚菜共生」的全新事業。

機無毒的農作物，並提供雲林偏鄉學童參觀學習，期待這些小小幼苗將來成長茁壯後，也能返鄉，一起為這片土地盡一份心力。

翻開我的行事曆，除了看診、處理醫院事務、參與扶輪社活動等固定行程之外，現在又多了一個全新事業挑戰，鎮日忙得不亦樂乎，精神奕奕，南北往返跑好幾趟也不嫌累。在這些密密麻麻的行程背後，我最要感謝的，就是我親愛的太座貴華，還有兒女孫子們等一大家子，謝謝他們無怨無悔支持我，成就了我這豐富圓滿、多姿多采的一生。

後記

用生命影響生命——康院長教會我的事

吳佳晉

二〇一九年開始，我從財經資深媒體人轉型為傳記作家，以一年一本的速度，陸續完成三位醫院院長的個人傳記，朋友打趣說：「你快變成『院長殺手』了！」我掐指一算：「對耶，只要再寫一本小兒科醫院院長，我就集滿『內外婦兒』四大科，可以畢業囉！」

小時候我的第一志願是想當白袍醫師，但數學底子不好，高中就自我了斷這條路；這幾年，為了如實呈現「院長們」的生命故事，我花了許多時間泡圖書館，舉凡病理機轉、生理結構、中西醫學史、臺灣健保史等參考書，被我用紅的綠的小貼士，貼得密密麻麻，看完一本功力便大增一成，說起臺灣醫學史，現在的我可能不輸醫學院畢業生。所以說，人生沒有固定航道，轉個彎，透過一枝筆，我也可以譜出屬於我的「白袍狂想曲」。

我這輩子最崇拜外科醫師，漫畫小說電視電影裡面的外科醫師，手起刀落，仁醫聖手，說有多帥就有多帥。二〇二一年，智齡科技執行長康仕仲透過蕭中正醫療體系營運長蕭乃彰介紹，請我為他的父親康義勝院長書寫傳記，作為八十歲的生日禮物。我劈頭先問：「請問令尊是哪一科？」康仕仲回答：「外科，而且他很會開刀！」我不假思索就答應了，天上掉下來一位外科醫師講故事給我聽，這機會能不把握嗎?!

寫書是一個孤單又寂寞的過程，有違我愛瘋愛熱鬧的天性。俗話說：「一個人跑得快，一群人走得遠」，既然如此，不如找同伴吧！我哀求我的高中死黨劉舒恬，這位牙醫師同學，人美心地更美，而且她「耳根子超軟」，我跟她說：「一來，康院長是你北醫學長；二來，康院長跟你一樣是雲林人，人不親土親，天意不就是要我們一起完成這不可能的任務嗎？」簡單的兩個理由就「洗腦」成功，劉舒恬先是回母校圖書館，借了一本厚厚的北醫校史，她笑稱自己念「北醫體育系」，校史這麼厚，還是交給我這個門外漢研究吧。

康院長很會講故事，每週兩次採訪，也是舒恬和我最快樂的時光。我們常常聽到入神，忘了時間。從他求學一波三折、北醫創校篳路藍縷、仁康醫院創業維艱、扶輪社勇於革新，直到他返鄉雲林義診、回饋崙背鄉親、創建魚菜共生永續環境等，話匣子一開停不了。他總說自己是「最不像醫師的醫師」，這是真的。試想：體力好、活力無窮，滿腦子都是前瞻大計，而且執行力超高，所有成功人士的特質都具備了。我常常想，院長如果不是當醫師，也絕對是上市櫃公司的大企業家。

諾貝爾文學獎得主、印度詩人泰戈爾在他的名詩作〈用生命影響生命〉中鼓勵人們「把自己活成一道光」。對我來說，康院長豈止活成一道光，他的光芒還照耀了康家與雲林崙背鄉親。康院長飲水思源，貫徹始終，他的堅持、行動和執行力無人能及，我除了感佩還是感佩。

謝謝康院長教會了我如何「用生命影響生命」。我也會用手上這支小小的筆，堅持這條孤單寂寞的道路，用故事感動更多人，並號召夥伴，與我一起達成口述歷史傳承的使命。

釀時代29　PC1072

關懷的力量
——康義勝從醫的初心

口　　述　康義勝
撰　　文　吳佳晉
整理記錄　劉舒恬
責任編輯　鄭伊庭
圖文排版　陳彥妏
封面設計　吳咏潔

出版策劃　釀出版
製作發行　秀威資訊科技股份有限公司
114 台北市內湖區瑞光路76巷65號1樓
電話：+886-2-2796-3638　傳真：+886-2-2796-1377
服務信箱：service@showwe.com.tw
http://www.showwe.com.tw
郵政劃撥　19563868　戶名：秀威資訊科技股份有限公司
展售門市　國家書店【松江門市】
104 台北市中山區松江路209號1樓
電話：+886-2-2518-0207　傳真：+886-2-2518-0778
網路訂購　秀威網路書店：https://store.showwe.tw
國家網路書店：https://www.govbooks.com.tw
法律顧問　毛國樑　律師
總 經 銷　聯合發行股份有限公司
231新北市新店區寶橋路235巷6弄6號4F
電話：+886-2-2917-8022　傳真：+886-2-2915-6275

出版日期　2023年2月　一版
定　　價　390元

讀者回函卡

Printed in Taiwan

國家圖書館出版品預行編目

關懷的力量：康義勝從醫的初心 / 康義勝口述；
吳佳晉撰文；劉舒恬整理記錄. -- 一版. --
臺北市：釀出版, 2023.02
面； 公分
ISBN 978-986-445-776-2(平裝)

1.CST: 康義勝 2.CST: 醫師 3.CST: 臺灣傳記

783.3886 111022465